왕초보 반야심경박사 되다

김명우 지음

왕초보

반야심경 박사 되다

민족사

들어가는말

    중국 선사들의 언행을 담고 있는 『연등회요聯燈會要』에 '노파가 암자를 태우다〔婆子燒庵〕'라는 공안(公案)이 있습니다. 이야기는 다음과 같습니다.

    옛날 한 노파가 어느 젊은 수행자를 위해 암자를 짓고 지극정성으로 공양하였는데, 언제나 젊은 여인으로 하여금 시중을 들게 했습니다. 그러기를 몇 해, 수행자의 수행이 어느 정도 진척되었다고 생각한 노파는 그의 수행 정도를 한번 시험하기로 하였습니다. 그리하여 노파는 젊은 여인으로 하여금 '스님을 한번 유혹해 보라'고 하였습니다. 노파가 시키는 대로 그 여인은 스님을 안으면서 달콤한 말로 유혹했습니다. 그러자 스님은 한 점의 동요도 없이 '고목의 한암 삼동무난기(枯木倚寒巖 三冬無暖氣)', 즉 고목이 한암에 기대니 삼동에 따뜻한 기운이 없도다'라고 하면서 여인을 물리쳤습니다.

여기서 고목이란 마를 고(枯) 자에 나무 목(木) 자로서 마른 나무를 뜻합니다. 의(倚)는 의지하다, 기대다는 뜻이고, 한암이란 찰 한(寒) 자에 바위 암(巖) 자로서 벼랑 끝에 있어 몹시 차다는 뜻입니다. 삼동이란 석 삼(三) 자에 겨울 동(冬) 자로 추운 겨울 석 달을 말하며, 난기란 따뜻할 난(暖) 자에 기운 기(氣) 자로서 따뜻한 기운이라는 뜻입니다.

이것을 풀이하자면, 벼랑 끝에 말라비틀어진 나무가 추운 한겨울에 온기가 전혀 없듯이 나는 여자에 관심이 없다. 다시 말해 추운 겨울 벼랑 끝에 있는 마른 나무처럼 나의 마음은 한 점의 움직임이나 동요가 없다는 것입니다. 결국 스님은 자기의 수행력을 '고목의한암 삼동무난기'라는 말로써 표현한 것입니다. 그런데 젊은 여인으로부터 그 말을 들은 노파는 '20년간 내가 속물(俗漢)에게 공양했구먼!' 하며 그 젊은 스님을 쫓아내고, 암자마저도 불태워 버렸습니다.

이것이 '노파가 암자를 태우다〔婆子燒庵〕'라는 공안〔禪問 答〕입니다. 공안에 정확한 답이 있는 것은 아니지만, 이것에 대해 여러분들은 어떻게 생각합니까?

왜 노파는 20년 동안 공양하던 스님을 쫓아내고 암자마저 불태웠을까? 과연 노파가 기대했던 답은 무엇이었을까요?

필자는 『반야심경』 안에 그 해답이 있다고 생각합니다. 독자 여러분들도 '왕초보 반야심경 박사 되다'를 읽고 그 해답을 한번 찾아보기를 권합니다.

아울러 이 책을 읽는 방법에 대해 조언을 드리고자 합니다. 『반야심경』의 전체적인 틀을 알고 싶으신 분은 1장부터 읽기 바라며, 『반야심경』의 내용 자체에 관심이 크신 분은 2장부터 7장까지 읽으시면 됩니다. 경전 성립과정과 경전 자체에 관심이 있으신 분은 부록편을 읽으시면 도움이 될 것입니다.

끝으로 저의 졸저 『범어로 반야심경을 해설하다』를 고심 정사불교대학 경전반 학생들에게 보시하신 갈선 거사님께

감사드립니다. 그리고 언제나 좋은 조언을 해 주는 송재근 선생과 구자상 선생, 늘 변함없이 도와주는 친구 대현·복철에게도 고마움을 전합니다. 또한 출판을 허락해 주신 민족사 윤재승 사장님께도 감사드립니다.

  유유자적한 낙동강과 철새의 고향 을숙도가 옛 모습으로 돌아오길 간절히 바라며.

낙동강 을숙도에서

허암 김명우 합장

차례

일러두기

1. 본문에 쓰인 ( )는 필자의 보충 설명이며, 〔 〕는 대체어나 설명입니다.
2. 필자의 졸저인 『범어로 반야심경을 해설하다』, 『유식삼십 송 유식불교』, 『반야바라밀다심경』에서 인용한 부분은 구 체적으로 밝히지 않고 참고문헌으로 대신합니다.
3. 범어는 대문자가 없지만, 편의상 고유명사인 경우에는 대 문자로 표기했습니다.
4. 『반야심경』의 진언은 한국인이 발음하기 편한 대로 한역 본일 때와 범본일 때 다르게 표기했습니다.

반야심경을 읽기 전에

　필자는 "도대체 불교는 뭐예요?"라는 질문을 자주 받습니다. 성철스님께서는 이런 질문을 받으면 불교를 '심(心)', 즉 마음공부라고 대답했다고 합니다. 일본의 선승 도원(道元, 1200~1253)은 불도는 "자기를 배우는 것〔아는 것〕이며, 자기를 배우는 것은 자기를 잊는 것"이라고 했습니다.

　그런데 필자는 누군가 "불교는 뭐예요?"라고 물으면, '법(法)'이라고 대답하고 싶습니다. 왜냐하면 불교(佛教)란 '부처님〔佛〕의 가르침〔教〕'이고, 가르침이란 바로 법을 말합니다. 따라서 '불교는 뭐예요?'라는 말은 '법은 무엇인가'라는 말로 대체할 수 있기 때문입니다. 다시 말해 법이 무엇인지 알면 불교가 무엇인지 알 수 있다는 것입니다. 물론 법은 '진리', '존재' 등의 여러 가지 의미를 가진 말이지만, 여기서는 일단 법을 '교법' 즉 부처님의 '가르침' 으로 정의하겠습니다.

법이 무엇인지 이야기하기 전에 우선 경전에 등장하는 '설산동자 이야기' 를 소개할까 합니다. 여러분들이 어느 절에서나 볼 수 있는 탱화 가운데 '설산동자' 가 나찰에게 몸을 던지는 장면이 있습니다. 설산동자 이야기는 살타태자의 투신아호(投身餓虎, 굶주린 7마리의 호랑이에게 자신의 몸을 던지다) 이야기와 함께 너무나 잘 알려진 부처님의 전생 이야기입니다. 그 내용은 다음과 같습니다.

아직 세상에 부처님께서 출현하기 전에 설산동자는 법(法)을 구하여 여러 곳을 편력하였습니다. 그러나 어디에서도 법을 구할 수가 없었습니다. 그리하여 그는 설산(雪山)에 은둔하며 깨달음을 얻기 위한 고행에 고행을 거듭하였습니다. 신들의 왕인 제석천이 그 모습을 보고 그의 구도심이 진짜인지 알고 싶어졌습니다. 제석천은 깨달음을 얻고자 하는 사람은 많으나 그것을 끝까지 해내는 사람이 거의 없다는 것을 알고 있었기 때문입니다. 그래서 제석천은 이 수행자를 한번 시험해 보기로 하였습니다.

어느 날 제석천은 보기에도 무서운 나찰(羅刹, 사람을 잡아먹는 귀신)의 모습으로 변해 설산으로 내려왔습니다. 그리고 수행자로부터 조금 떨어진 곳에 서서, 과거에 부처님께서 설하였던 시구, 그것도 전부가 아니고 전반부만을 아름답게 읊었습니다.

모든 것은 무상이고, 생겨서 멸한다.

諸行無常 是生滅法

이 시구를 읊은 나찰은 수행자 앞으로 나아갔습니다. 그런데 수행자는 이 시구를 듣고 마치 바다를 표류하고 있다가 구해줄 배를 만난 것같이 기뻐하였습니다. 그리고 오랜 수행으로 길어진 머리카락을 뒤로 제치고 주위를 살펴보니 보이는 것은 무서운 형상의 나찰뿐이었습니다.

"누가 이와 같은 깨달음의 문을 열었는가? 누가 제불(諸佛)의 가르침을 번개처럼 말하였는가? 사람들이 생사의 깊은 잠에 빠져 있는데 누가 홀로 깨어나서 이와 같은 말을 읊었는가? 이것을 들으니 나의 마음은 열렸도다."

눈앞에 있는 이는 나찰뿐이므로 설산동자는 이 시구를 읊은 이가 나찰이라고 생각하며 그에게 물었습니다. 역시 시구를 읊은 것은 나찰이었습니다. 나찰은 며칠 동안 아무것도 먹지 못하여 기아상태에 있었습니다. 설산동자는 시구의 후반부를 알고 싶다고 나찰에게 몇 번이고 간청하였지만, 나찰은 좀처럼 그의 간청을 들어주지 않았습니다.

"너는 너 자신만을 생각하고 있다. 나는 지금 굶주림에 고통을 받아 말을 할 수 없을 정도로 쇠약해 있다."

라고 나찰은 말했습니다. 진리(法)를 들을 수 있다면 자신의 몸을 버려도 좋다고 생각한 설산동자는 나찰을 스승으로 삼고 자신의 생명과 바꾸기로 결심하였습니다. 그리하여 나찰로부터 시구의 후반부를 들었습니다.

생과 멸이 없어진 적멸의 상태야말로 진정한 안락이다.

生滅滅已 寂滅爲樂

설산동자는 시구 전체를 듣고 기쁨에 넘쳐 돌과 나무에 옮겨 적었습니다. 그리고 조용히 가까운 나무 위로 올라가 나찰을 향해 몸을 던졌습니다. 그때 본래의 모습으로 되돌아 온 제석천은 설산동자의 몸을 받아 지상에 내려놓았습니다.

(『대반열반경』 14권)

이처럼 설산동자가 자기의 생명과 맞바꾸면서까지 듣고자 하였던, 법(法)이란 도대체 무엇일까요? 이런 전생 이야기뿐만 아니라 불교 경전에는 수많은 구법 이야기가 전해지고 있습니다. 법을 구하기 위해 자기 재산, 지위, 가족 등을 버리고 불교에 입문한 사람도 있습니다.

특히 가족과의 연을 끊기 위해 물에 빠진 아버지를 그대로 익사시킨 선승 이야기도 있습니다. 이 선승 이야기를 보통의 도덕적 관점으로만 보려 한다면 크게 어긋나는 일입니다. 선가의 세계는 눈에 보이는 것을 넘어선 세계입니다. 하지만 인간적인 관점에서 본다 하더라도 우리는 이 이야기에서 격류에 휘말린 부친을 지켜보는 선승의 모습에서 인륜을 저버린 그의 고뇌와 슬픔을 읽을 수 있어야 할 것입니다.

그러면 이런 이야기를 거리낌 없이 후세에 전하는 사람들의 잔혹함을 우리들은 어떻게 받아들여야 할까요? 게다가 그들은 후세에 어떤 메시지를 전하려고 했을까요? 다시 한 번 독자들께 법이 무엇인지 묻고 싶습니다.

이처럼 불교에 대해 말하기는 어렵지 않습니다. 그렇지만 그것을 자기 것으로 만들고, 더구나 그것을 실천하기는 너무나 어렵습니다. 법을 듣기 위해 자기 목숨까지도 버리는 설산동자나 살타태자, 인륜마저 저버린 선승의 일화는 우리들과 너무나 먼 이야기인가요? 그렇다면 지금부터 우리들이 쉽

게 접할 수 있고, 법회 때마다 봉독하는 『반야심경』을 통해
'불교가 무엇인지, 법이 무엇인지' 알아보도록 하겠습니다.

1. 반야심경의 파격성과 인기 비결

부록에서 자세하게 설명했습니다만, 불교의 모든 경전은
일정한 형식을 갖추고 있습니다. 그런데 지금부터 우리들이
함께 읽어 갈 『반야심경』은 경전의 기본 틀을 완전히 무시한
아주 파격적인 경전입니다. 우선 범본 『반야심경』은 본래 경
명 자체가 없었습니다. 조금 심하게 말하면 『반야심경』은 다
른 경전에 비해 아주 불친절한 경전이라고 할 수 있습니다.

지금 우리들이 법회 때마다 봉독하고 있는 한역본 『반야
심경』은 당나라 시대 삼장법사 현장스님이 번역하신 것으로,
『반야바라밀다심경』이라는 경의 제목이 붙어 있습니다. 그런
데 왜 경의 제목이 없느냐고 독자들께서는 반문할지 모르지만,
원래 『반야심경』은 제목이 없었습니다. 『반야심경』을 한역한
현장스님이나 구마라집스님이 범본 『반야심경』 말미에 있는
'이상으로 반야바라밀다심을 끝냈다(iti prajñāpāramitā-hṛdayaṃ

samāptam)'라는 부분을 임의로 서두에 가지고 와서 제목으로 사용한 듯합니다.

게다가 보통 경전은 여시아문에 이어서 상례적인 시작 부분이라 할 수 있는 육성취가 등장합니다만, 소본『반야심경』은 여시아문(이와 같이 나에게 들렸습니다)과 육성취를 무시하고 바로 '관자재보살 행심반야바라밀다시 조견오온개공'이라는 정종분〔본문〕으로 들어갑니다. 다시 말해 서분〔서론〕 자체를 생략하고 있습니다. 소본『반야심경』은 도대체 부처님이 어디에서 누구에게 가르침을 설했는지 알 수 없으며, 도대체 누가 부처님께 가르침을 청했는지 대고자도 등장하지 않습니다. 또한 경전 마지막에 반드시 등장하는 '개대환희(皆大歡喜) 신수봉행(信受奉行)'의 '환희봉행문'도 없습니다. 다시 말해 유통분〔결론〕 자체를 생략하고 있습니다.

아마도『반야심경』은 처음부터 암송용으로 제작된 경전이기 때문에 생략 가능한 부분은 과감히 생략한 결과로 이런 파격적인 경전이 탄생하였다고 생각합니다. 이처럼 소본〔짧은 것〕『반야심경』에는 서분과 유통분을 생략하였지만, 대본〔긴 것〕『반야심경』은 서분, 정종분, 유통분의 경전 체제를 갖추고 있습니다.

그런데 경전의 기본 틀을 무시한 파격적인 『반야심경』이 대승불교도에게 인기가 있는 이유는 무엇일까요? 불교의 경전은 600권이 넘는 반야경전을 비롯해 아주 긴 경전이 있는 반면, 『반야심경』과 같이 아주 짧은 경전을 포함해 수천 종이 넘습니다. 그런데 왜 하필 『반야심경』은 모든 사찰에서 법회를 할 때 반드시 봉독되고, 거의 모든 대승불교도들이 암송할 만큼 인기가 있는 것일까?

첫째, 『반야심경』은 아주 짧은 경전이기 때문입니다. 경전 내용이 한자(漢子)로 260자, 제목을 합쳐도 270자에 불과합니다. 다시 말해 처음부터 암송용으로 제작된 경전이기 때문에 누구나 친숙하게 암송할 수 있을 뿐만 아니라, 암송하는 데도 4분 정도밖에 걸리지 않는 편리함이 있습니다. 특히 모든 것이 급속하게 변하는 현대인에게 짧은 내용의 『반야심경』은 아주 큰 매력일 것입니다. 게다가 대승불교에서는 경전의 사경을 대단히 중요시하는데, 『반야심경』은 경전의 내용이 짧기 때문에 사경할 때도 아주 편리합니다.

둘째, 주문〔아제 아제 바라아제 바라승아제 모지 스바하〕의 위력을 믿기 때문입니다. 즉 진언〔주문〕은 부처님의 진실한 말입니다. 그 진언을 믿고 독송하는 것은 결국 부처님의 위력을 믿는 것입니다. 즉 진언은 부처님에 대한 믿음을 통해 현실의 삶을 보다 나은 삶으로 나아가게 하는 원동력입니다. 다시 말해 진언은 우리들을 행복의 지름길로 인도하는 안내자이기 때문입니다.

셋째, 부처님의 가르침〔사성제, 연기, 5온, 12처, 18계〕을 공사상의 입장에서 재구성하고 있다는 것입니다. 특히 후반부에서는 공사상과 밀교의 만트라〔진언〕를 결합시켰다는 특징을 갖고 있습니다. 즉 『반야심경』은 내용적으로는 '공(空)'과 신비적 언어인 '진언(眞言)'이라는 두 측면을 담고 있습니다. 이런 이유 때문에 『반야심경』은 대승불교도에게 인기가 있는 것 같습니다.

2. 현장스님과 반야심경

『반야심경』은 서분과 유통분을 생략한 소본과 서분 · 정종분 · 유통분의 형식을 갖춘 대본의 두 종류가 있습니다.

먼저 서분과 유통분을 생략한 소본 『반야심경』의 경문을 살펴보도록 하겠습니다. 소본 『반야심경』은 구마라집스님

(350~409)과 현장스님(600~664)의 한역본이 널리 알려져 있습니다. 중국 역경사에서는 구마라집스님의 번역을 옛 번역이라는 의미로 구역(舊譯)이라 하고, 현장스님의 번역을 새로운 번역이라는 의미로 신역(新譯)이라고 합니다.

『개원록(開元錄)』에 따르면 소본『반야심경』은 현장스님이 정관 23년(서기 649년)에 번역하였으며, 그의 제자 지인(知仁)이 필수(筆受)하였다고 합니다. 아마도 현장스님이 『반야심경』 원전을 보면서 해석했다면, 현장스님 곁에서 제자인 지인이 현장스님의 번역을 받아 적어, 다시 수정했을 것으로 추측됩니다.

현장스님이라고 하면 혹시 잘 모르시는 분도 계실 줄 압니다. 그렇지만 16세기 명나라 때 지어진 『서유기(西遊記)』라는 유명한 소설에 등장하는 '삼장법사'라고 하면 금방 알아차릴 것입니다. 『서유기』는 삼장법사가 손오공, 저팔계, 사오정과 함께 천축[인도]으로 구법활동[부처님의 가르침을 구하러 가는 것]을 떠나는 과정을 그린 소설입니다.

『서유기』의 주인공인 삼장법사는 7세기 경 당나라 때 실재했던 현장스님을 모델로 한 것으로, 현장스님은 혼자 인도에 가서 수많은 경전을 가지고 중국으로 돌아왔습니다. 그리고 현장스님에게는 삼장법사라는 존칭이 늘 따라다닙니다. 삼장법사란 '삼장' 즉 경·율·논에 뛰어난 법사라는 뜻입니다.

　여러분들도 잘 알고 계시는 것처럼 현장스님은 유명한 역경승이었습니다. 현장스님은 18년간의 인도 유학생활을 마치고 귀국할 때, 범본 경전 657부를 가지고 왔습니다. 그는 귀국 즉시 당나라 태종에게 역경사업의 지원을 요청하였고, 역경사업은 당나라 정부의 지원 아래 진행된 대대적인 국가사업이었습니다.

　『반야심경』은 예외입니다만, 현장스님이 번역한 경전이나 논서는 대부분 봉 조역(奉 詔譯)이라고 합니다. 봉(奉)이란 '받들다' 라는 의미이고, 조(詔)란 '윗사람(황제)이 아랫사람(신하)에게 명령을 내린다' 는 의미입니다. 구체적으로 말하면 황제가 현장스님에게 불경 번역을 명령했다는 것입니다. 그래서 봉 조역이란 황제의 명령을 받들어 불전을 번역한 것을 말합니다. 황제의 보호 아래 실시된 공적인 불전 번역은 한 사람이 진행하는 개인적인 번역과는 많은 차이가 있습니다. 기록에 의하면 방대한 조직체계를 갖추고 있었다고 합니다.

　그 조직은 다음과 같습니다.

역주(譯主) : 정면에 앉아 범어 문장을 읽으며 번역과 강해를 하는 번역의 중심인물입니다. 따라서 대부분 역주는 '현장 스님'이 됩니다.

증의(證義) : 역주 왼쪽에 앉아 범어를 비판·검토하는 역할 (타당성 여부 검토)을 담당하였습니다.

증문(證文) : 역주 오른쪽에 앉아 범어에 잘못이 없는가를 확인하고(사본을 바로 읽었는가) 잘못을 바로잡는 역할을 담당하였습니다.

서사(書寫) : 범어의 발음을 한자로 나타내는 역할을 담당한 인물입니다. 역주가 중국어를 몰라 번역하지 못한 부분이 있을 때 이를 원문 그대로 중국어로 음사하였습니다. 현장스님과 같이 역주가 중국어에 능통하면 서사는 필요 없었습니다.

필수(筆受)·철문(綴文) : 범어 음역을 의역하는 등의 번역문을 교정하는 역할을 담당하였습니다.

참역(參役) : 범어 문장과 한문을 비교하여 잘못을 고치는 역할을 담당하였습니다. 번역문을 다시 범어로 고쳐본 뒤에 산스크리트어 원문과 맞는지 대조하여 번역문의 타당성을 검토하였습니다.

간정(刊定) : 지나치게 긴 문장이나 중복되는 문장을 줄이고, 구(句)의 의미를 정하는 역할을 담당하였습니다.

윤문(潤文) : 남면(南面)에 앉아 문장을 아름답게 하는 역할을 담당하였습니다.

범패(梵唄) : 번역문을 낭독하기 좋도록 교정하는 역할을 담당하였습니다.

감호대사(監護大使) : 번역작업을 보호하고 감독하는 관리로 번역이 끝나면 황제에게 번역물을 진상하는 역할을 담당했습니다.

이처럼 봉조역은 개인 번역과는 달리 역할 분담이 분명하였으며, 조직도 체계적일 뿐만 아니라 정확하고 공정하였습니다. 따라서 대단한 권위를 가진 번역작업이었습니다. 『고려대장경』이나 『대정신수대장경』을 보면 알 수 있는 것과 같이 현장스님의 번역은 대부분 봉조역입니다. 현장스님이 한역한 불전은 모두 74부 1335권입니다. 『대정신수대장경』이 전부 32책인데 그중에 현장스님의 번역이 7책으로 전체 한역경전의 5분의 1이 넘는 분량입니다. 산술적으로 계산하면 현장스님은 5일에 한 권 꼴로 번역한 것입니다.

중국 불교에서 '번역 4대가', 이른바 구마라집, 진제, 불공, 현장 중에서 특히 현장스님의 번역 부수가 양적으로 가장 많습니다. 참고로 구마라집스님은 384권, 진제스님은 274권, 불공스님은 101권을 번역하였습니다. 오늘날 우리들이 팔만대장경을 볼 수 있는 것도 이런 뛰어난 역경승들의 노고와 구법정신 덕분이라고 할 것입니다. 이처럼 현장스님은 오직 불전의 번역 사업에 자신의 인생을 바쳤습니다.

이제 동북아시아 불교도에게 널리 독송되는 현장스님이 번역하신 『반야심경』을 함께 읽어보겠습니다. 경문은 다음과 같습니다.

般若波羅蜜多心經

唐 三藏法師 玄奘譯

觀自在菩薩 行深般若波羅蜜多時 照見五蘊皆空 度一切苦厄
舍利子 色不異空 空不異色 色卽是空 空卽是色 受想行識
亦復如是 舍利子 是諸法空相 不生不滅 不垢不淨 不增不減
是故空中 無色 無受想行識 無眼耳鼻舌身意 無色聲香味觸
法 無眼界 乃至 無意識界 無無明 亦無無明盡 乃至無老死
亦無老死盡 無苦集滅道 無智亦無得 以無所得故 菩提薩埵
依般若波羅蜜多故 心無罣礙 無罣礙故 無有恐怖 遠離顚倒
夢想 究竟涅槃 三世諸佛 依般若波羅蜜多故 得阿耨多羅三
藐三菩提 故知般若波羅蜜多 是大神呪 是大明呪 是無上呪
是無等等呪 能除一切苦 眞實不虛故 說般若波羅蜜多呪 卽
說呪曰
揭帝 揭帝 般羅揭帝 般羅僧揭帝 菩提僧莎訶

般若波羅蜜多心經

반야바라밀다심경

당 삼장법사 현장 역

관자재보살이 심오한 반야바라밀다〔완전한 지혜〕를 실천할 때 오온이 모두 공이라는 것을 조견하여, 일체의 괴로움과 재앙을 건넜다.

사리자여! 색은 공과 다르지 않고, 공은 색과 다르지 않다. 색이 곧 공이요, 공이 곧 색이다. 수상행식도 또한 이와 같다. 사리자여! 제법〔존재하는 모든 것〕은 자성이 없기〔공〕 때문에 생기하지도 소멸하지도, 더러움도 깨끗함도, 증가하지도 줄어들지도 않는다. 그러므로 공에는 색·수·상·행·식〔오온〕도 없고, 안·이·비·설·신·의〔육근〕도 없고, 색·성·향·미·촉·법〔육경〕도 없고, 안계도 없고 내지 의식계〔육식〕도 없다. 무명도 없고 또한 무명이 다함도 없다. 내지 늙음도 죽음도 없다. 또한 늙음과 죽음이 다함도 없다. 고·집·멸·도도 없다. 지(智)도 없고 또한 얻음도 없다. 얻어지는 것이 없기 때문이다.

보살〔보리살타〕은 반야바라밀에 의지하기 때문에 마음에 가애도 없다. 가애가 없기 때문에 두려움도 없고, 전도몽상도 멀리하여 최상의 열반에 들었다. 삼세의 모든 부처도 완전한 지혜〔반야 바라밀〕에 의지하기 때문에 최고의 깨달음〔무상정등각〕을 얻었다.

때문에 알아야 한다. 반야바라밀다는 대신주이고, 대명주이고, 무상주이고, 무등등주이다. 일체의 괴로움을 제거하여 진실하며 헛됨이 없기 때문이다. 반야바라밀다의 진언을 설한다. 즉 주문을 설한다.

아제 아제 바라아제 바라승아제 모지 스바하

반야바라밀다심경

3. 구마라집스님과 반야심경 한문 번역본들

아마도 독자 여러분들께서는 『반야심경』 하면 평소 법회에서 독경하는 현장스님의 한역본만을 생각하시겠지만, 현장스님의 한역본 이외에 다수의 다른 번역본이 있습니다.

한역본에는 소본과 대본의 두 계통이 전해지고 있습니다. 소본은 구마라집스님의 번역과 현장스님 번역이 있는데, 특히 동북아시아에서 널리 애독되고 있는 것은 현장스님의 번역입니다. 대본 계통은 티베트어 번역과 몽골어 번역이 전해지고 있습니다. 한편 한역 대본은 당나라 중기 이후의 법월 역, 반야 역, 지혜륜 역, 법성 역과 송나라 시대의 시호 역 등 5가지가 있습니다. 따라서 『반야심경』의 두 계통 중에 소본이 원형이고, 대본은 나중에 부가된 것으로 추정됩니다. 이러한 한역본은 전부 8종류가 전해지고 있는데 그것은 다음과 같습니다.

구마라집이 번역한 『마하반야바라밀대명주경』
현장이 번역한(649년) 『반야바라밀다심경』

반야와 이언 등이 번역한 『반야바라밀다심경』

법월(738년)이 번역한 『보편지장반야바라밀다심경』

지혜륜이 번역한 『반야바라밀다심경』

법성이 번역한 『반야바라밀다심경』

송, 시호가 번역한 『성불모반야바라밀다심경』

　　　　　　　『당범번대자음반야바라밀다심경』

이 중에서 첫 번째와 두 번째는 소본역이며, 세 번째에서 일곱 번째까지는 대본역입니다. 그리고 마지막 여덟 번째인 『당범번대자음반야바라밀다심경(唐梵飜對子音般若波羅蜜多心經)』(약칭하여 『범본반야바라밀다심경』)은 소본 범본〔산스크리트본〕을 한자로 음사하고 각 단어에 뜻을 달아 놓은 것이기 때문에 엄밀한 의미에서 한역이라고 할 수 없을 것입니다. 이것은 돈황에서 발견되었지만, 현재는 영국의 대영박물관에 보관되어 있습니다. 그런데 이 소본에는 '관자재보살이 삼장법사 현장에게 친히 교수하신 범본으로 윤색하지 않았다'는 부제가 붙어 있는 것이 특이한 점입니다.

그렇지만 현장스님이 번역한 『반야심경』이외에 앞에서 제시한 7종류의 『반야심경』은 애석하게도 동북아시아의 대승불교권에서 거의 읽히지 않습니다. 그나마 다행인 것은 티베트불교에서는 대본 『반야심경』을 독경하고 있습니다.

필자는 그동안 현장스님의 한역본에 관한 해설서를 『반야바라밀다심경』이라는 제목으로 출판하였으며, 또한 현장스님의 한역본과 범본 『반야심경』을 비교한 해설서 『범어로 반야심경을 해설하다』를 출판하였습니다. 이제 마지막으로 남은 것은 티베트 어역 대본 『반야심경』에 관한 연구입니다. 출판사에서 시장성이 없다고 출판해 줄 가능성이 거의 없습니다만, 필자는 시간이 허락된다면 꼭 티베트 어역 대본 『반야심경』의 해설서를 내고 싶은 소망을 가지고 있습니다.

4. 현장스님 번역과 구마라집스님 번역은 어떤 차이가 있는가

여기서는 현존하는 『반야심경』 중에 가장 오래된 한역본인 구마라집스님의 한역과 현재 가장 널리 유통되고 있는 현장스님 한역의 차이점을 설명하고자 합니다. 먼저 두 한역의 차이를 기술하기 전에 두 분의 생애에 대해 간단하게 말씀드리겠습니다. 그런데 현장스님은 우리들에게 너무나 잘 알려져 있고, 관련된 서적도 많이 출판되어 있기 때문에 현장스님에 관한 설명은 생략하고, 구마라집스님에 대해서만 간단하게 기술하겠습니다.

구마라집(350~409)이라고 하는 이름은 범어의 '구마라지바(Kumārajīva)'를 음사한 것이며, 한역하면 '동수(童壽)'라고 합니다. 동북아시아에서는 보통 음을 따서 기록한 구마라집이라는 이름이 널리 알려져 있습니다. 그는 중앙아시아 구차국(Kucha, 한역: 龜玆) 출신으로 그의 명성은 인도와 중앙아시아뿐만 아니라 멀리 중국에까지 알려지게 되었습니다.

당시 중국은 양츠 강[장강]을 경계로 남북[남북조 시대]으로 나누어져 있었는데 양츠 강 이북은 강북, 이남은 강남이라고 하였습니다. 이때 강북지방에는 5호16국이 교체하고 있었습니다. 5호란 흉노(匈奴)·갈(羯)·선비(鮮卑)·저(氐)·강(羌)의 다섯 오랑캐[胡]를 말하며, 이 다섯 이민족이 잇달아 정권을 수립하여 16국으로 흥망을 되풀이하던 시기를 말합니다.

그중의 하나인 전진의 왕이었던 부견(苻堅, 338~385, 372년 순도를 파견하여 고구려에 불교를 전해 줌)이 당시 최고의 학승이었던 도안(道安, 312~385)의 권유를 받아들여 구마라집스님을 초청하기 위해 서역을 공략하였습니다. 그의 부하 장군이었던 여광(呂光)은 382년 장안을 떠나 여러 나라를 평정하고 서역으로 들어갔습니다. 드디어 구차국에 도착하여 반년간의 싸움 끝에 384년 7월에 구차국을 정벌하였습니다. 그리고 구마라집스님을 포로로 잡았습니다. 그때 구마라집의 나이 35세였습니다.

그런데 여광은 고국의 부견이 전쟁에 패했다는 소식을 듣고 급히 귀국하게 되었습니다. 구마라집스님을 포로로 잡아 귀국하였지만 부견은 이미 죽은 뒤였기에 여광은 군대를 양주(涼州)에 머물게 하고, 이곳에서 후량이라는 나라를 세웠습니다. 이후 여광은 399년에 죽을 때까지 14년 동안 왕으로 군림하였고, 그의 아들 여찬이 왕위를 계승하였습니다. 구마라집스님은 나이 36세에서 52세까지 16년 동안 양주에서 한자와 중국 고전을 배우면서 불전을 설하였습니다. 그의 명성이 높아져 멀리 장안까지 알려지게 되어 승예 등이 강의를 받으러 양주까지 왔습니다.

그런데 구마라집스님이 중국에 머물고 있을 때에 후진이라는 나라가 흥기합니다. 후진의 왕인 요장은 전진의 부견을

격파합니다. 후진의 요장이 죽은 후에 그의 아들 요흥이 계승하여 서방으로 원정을 나가 후량을 정벌하고, 그의 부친인 요장 때부터 염원이었던 구마라집스님의 초청을 실현하게 됩니다. 이리하여 구마라집스님은 401년 12월 20일 장안에 들어와 대단한 환영을 받습니다.

드디어 구마라집스님의 불전 번역이라는 대사업이 장안의 북쪽 소요원에 설치되어 있던 역경원에서 시작되었습니다. 구마라집스님 번역의 특색을 보면, 직역보다는 거의 창작에 가까울 정도로 의역을 하였는데, 특히 번역문의 간결함과 화려함은 대단하였습니다. 그의 제자 승조는 "문장은 간결하나 뜻이 깊고, 원문의 본뜻은 은근하나 또렷하게 드러나니, 미묘하고도 심원한 부처님 말씀이 여기서 비로소 확실해졌다."라고 하여 스승의 번역을 높이 평가하고 있습니다. 승조의 말처럼 안세고와 지루가참에 의해 시작된 불전 번역은 한자 술어에 많은 혼란이 있었지만, 구마라집스님에 의해 거의 해소되었습니다.

구마라집스님 이전의 번역을 고역(古譯), 구마라집스님의 번역을 구역(舊譯)이라고 합니다. 이것은 뒷날 현장스님의 번역인 신역(新譯)과 대비적으로 불린 것입니다. 구마라집스님이 번역한 대승경전으로는 『대품반야경』·『범망경』·『묘법연화경』·『소품반야경』·『금강경』·『십주경』, 중관학파의 논서로 『중론』·『백론』·『성실론』·『십주비바사론』·『용수보살전』, 계율 계통인 『십송률』·『십송비구계본율』 등이 있습니다.

이처럼 구마라집스님은 반야 계통의 경전과 용수의 중관학파(중관부)의 논서를 주로 번역하여 삼론종 성립의 근거를 마련하였습니다. 특히 동북아시아에서 가장 자주 독송되는 『금강경』·『유마경』·『아미타경』·『묘법연화경(법화경)』·『범망경』 및 대승불교의 가장 중요한 논서인 『중론』 등이 모두 구마라집스님의 번역인 것을 보면, 그가 동북아시아 불교계에 끼친 영향은 지대하다고 할 것입니다. (김명우, 2010)

이제 본론으로 돌아가 『반야심경』에 대한 두 분 번역의 차이점을 간단하게 기술하겠습니다.

구마라집스님 한역에서는 '반야바라밀' 이 현장스님 한역에서는 '반야바라밀다' 로 되어 있습니다. 그리고 각각 '관세음보살' 이 '관자재보살' 로, '오음(五陰)' 이 '오온(五蘊)' 으로, '사리불' 이 '사리자' 등으로 번역되어 있습니다. 또한 '비색이공 비공이색(非色異空 非空異色)' 이 '색불이공 공불이색(色不異空 空不異色)' 으로 되어 있고, '보살' 이 '보리살타', '명주(明呪)' 가 '주(呪)' 등으로 한역되어 있습니다.

그런데 구마라집스님의 한역에는 현장스님의 한역과 범본 소본에 없는 두 구절이 삽입되어 있습니다. 즉 구마라집스님의 한역에는 '사리불 색공고무뇌괴상 수공고무수상 상공고무지상 행공고무작상 식공고무각상 하이고(舍利弗 色空故無惱壞相 受空故無受相 想空故無知相 行空故無作相 識空故無覺相 何以故)' 라는 경문이 삽입되어 있습니다. 이 경문을 해석하면 '색이 공함으로 괴로움과 변괴(變壞)의 작용〔相〕이 없으며, 수〔감수작용〕가 공함으로 받아들이는 작용이 없으며, 상이 공함으로 안다는 작용이 없으며, 행이 공함으로 의지작용이 없으며, 식이 공하므로 판단사유〔覺〕의 작용이 없다. 왜냐하면' 이라는 뜻입니다.

그리고 '시공법 비과거비미래비현재(是空法 非過去非未來非現在)' 라는 부분도 삽입되어 있습니다. 해석하면 '공을 (특질로 하는) 사물〔法〕은 과거에도 없고 미래에도 없고 현재에도 없다' 는 뜻입니다. 이처럼 구마라집스님 역에는 이 두 구절이 삽입되어 있습니다. 이 두 구절 이외에는 현장스님 번역과 전체적으로 비슷합니다.

그리고 경의 제목에도 차이가 있습니다. 구마라집스님은 경전의 제목을 『마하반야바라밀대명주경』이라고 하였지만, 현장스님은 『반야바라밀다심경』이라고 하였습니다. 이것은 아마도 구마라집스님이 경의 마지막에 있는 반야바라밀의 신주(神呪)야말로 경전의 핵심이라는 것을 나타내고자 하는 의도였을 것입니다. 반면 현장스님은 '반야바라밀다심경' 즉 글자 그대로 '반야공의 진수〔핵심〕를 나타내는 경'이라고 이해한 것으로 추측됩니다. 어쩌면 그 당시에 '심(心)'이나 '대명주(大明呪)'라는 제목을 붙인 범본 원본이 존재하였는 지도 모릅니다.

이 이외에도 구마라집스님 한역에는 경전의 제목 앞에 '마하'라는 두 글자가 첨가되어 있지만, 현장스님 한역에는 없습니다. 또한 구마라집스님 한역에는 '이일체전도몽상고뇌(離一切顚倒夢想苦惱)'라고 하여 '일체'와 '고뇌'라는 두 단어가 첨가되어 있습니다만, 현장스님 한역(원리전도몽상遠離顚倒夢想)과 범본의 소본에는 없습니다.

이처럼 두 분의 생존 시기가 250년의 간격이 있지만, 두 번역은 거의 일치합니다. 이것은 우연의 일치라고 설명하기에는 무언가 개운하지 않습니다. 아마도 현장스님이 먼저 번역된 구마라집스님의 번역을 참조한 것은 아닌가, 아니면 필수를 담당한 제자 지인이 참조한 것은 아닌지? 확실하게 단정할 수는 없습니다만, 두 분의 번역을 대조해 보면 필자는 그런 생각을 지울 수가 없습니다.

摩訶般若波羅蜜大明呪經

姚秦 天竺三藏 鳩摩羅什 譯

觀世音菩薩 行深般若波羅蜜時 照見五陰空 度一切苦厄
舍利弗 色空故無惱壞相 受空故無受相 想空故無知相 行空
故無作相 識空故無覺相 何以故 舍利弗 非色異空 非空異
色 色卽是空 空卽是色 受想行識亦如是 舍利弗 是諸法空
相 不生不滅 不垢不淨 不增不減 是空法 非過去非未來非
現在 是故空中 無色無受想行識 無眼耳鼻舌身意 無色聲香
味觸法 無眼界乃至無意識界 無無明亦無無明盡 乃至無老
死無老死盡 無苦集滅道 無智亦無得 以無所得故 菩薩依般
若波羅蜜故 心無罣礙 無罣礙故無有恐怖 離一切顛倒夢想
苦惱 究竟涅槃 三世諸佛依般若波羅蜜故 得阿耨多羅三
三菩提 故知般若波羅蜜是大明呪 無上明呪 無等等明呪 能
除一切苦眞實不虛故說般若波羅蜜呪卽說呪曰
竭帝 竭帝 波羅竭帝 波羅僧竭帝 菩提僧莎訶.

摩訶般若波羅蜜大明呪經

마하반야바라밀대명주경

요진 천축 삼장 구마라집 역

관세음보살이 깊은 반야바라밀을 행할 때 오음이 공임을 조견하여 일체의 괴로움과 재앙에서 벗어났다.

사리불이여! 색이 공함으로 괴로움과 변괴(變壞)의 작용〔相〕이 없으며, 수〔감수작용〕가 공함으로 받아들이는 작용이 없으며, 상이 공함으로 안다는 작용이 없으며, 행이 공함으로 의지작용이 없으며, 식이 공하므로 판단사유〔覺〕의 작용이 없다.

왜냐하면 사리불이여! 색은 공과 다르지 않고, 공은 색과 다르지 않다. 색이 곧 공이요, 공이 곧 색이다. 수상행식도 또한 이와 같다.

사리불이여! 제법〔존재하는 모든 것〕은 공을 특질로 하기 때문에 생기하지도 소멸하지도, 더러움도 깨끗함도, 증가하지도 줄어들지도 않는다. 공을 (특질로 하는) 사물〔법〕은 과거에도 없고 미래에도 없고 현재에도 없다. 공에는 색이 없고 수상행식〔오온〕도 없고, 안·이·비·설·신·의〔육근〕도 없고, 색·성·향·미·촉·법〔육경〕도 없고, 안계도 없고 내지 의식계

〔육식〕도 없다. 무명도 없고 또한 무명이 다함도 없다. 내지 늙음도 죽음도 없다. 또한 늙음과 죽음이 다함도 없다. 고 · 집 · 멸 · 도도 없다. 지(智)도 없고 또한 얻음도 없다. 얻어지는 것이 없기 때문이다.

보살은 반야바라밀에 의지하기 때문에 마음에 가애도 없다. 가애가 없기 때문에 두려움도 없고, 일체의 전도몽상과 고뇌를 멀리하여 최상의 열반에 들었다. 삼세의 모든 부처도 완전한 지혜〔반야바라밀〕에 의지하기 때문에 최고의 깨달음〔무상정등각〕을 얻었다.

때문에 알아야 한다. 반야바라밀은 대명주이고, 무상명주이고, 무등등명주이다. 일체의 괴로움을 제거하여 진실하며 헛됨이 없기 때문이다. 반야바라밀의 진언을 설한다. 즉 주문을 설한다.

아제 아제 바라아제 바라승아제 보디 스바하

마하반야바라밀대명주경

5. 막스 밀러와 범본 반야심경

앞에서도 잠시 언급했습니다만, 소본 『반야심경』은 현장 스님의 번역뿐만 아니라 구마라집스님의 번역본도 있으며, 비록 대본의 번역이기는 하지만 5종류의 이역본이 있습니다. 게다가 범본 원전의 『반야심경』도 현존하고 있습니다.

범어를 잘 모르시는 분은 범어로 『반야심경』을 읽는 자체에 거부감을 가질지도 모르겠습니다만, 오늘날 범어로 된 『반야심경』을 불교학자뿐만 아니라 일반 불교도들도 한번 읽어볼 가치가 있다고 생각합니다. 독자 여러분들도 한번 도전해 보시기 바랍니다. 물론 한자로 된 경전도 읽기 어려운데, 범어로 된 경전을 어떻게 읽겠느냐고 질책하실 분도 계실 줄 압니다만, 이제는 범어로 된 대승경전이나 팔리어로 된 초기경전을 읽어야 되는 시대라고 생각합니다. 범본 『반야심경』은 문법적으로 아주 간단하기 때문에 독자들께서도 충분히 읽어낼 수 있습니다.

『반야심경』의 범본도 짧은 것, 즉 **소본**(小本)과 긴 것, 즉 **대본**(大本)의 두 종류가 있습니다. 범본의 소본은 『반야심경』

의 핵심 중에 핵심을 이루는 본문인 정종분뿐이지만, 대본은
서론에 해당하는 서분과 결론에 해당하는 유통분을 부가한
것입니다.

그런데 범본『반야심경』의 소본과 대본 모두 특이하게도
인도나 중앙아시아 혹은 중국에서 발견된 것이 아니라 유일
하게 일본에서만 전해지고 있습니다. 소본은 일본의 법륭사
(法隆寺)에 전해지는 것으로, 609년 오노 이모코(小野妹子)라
는 사람이 중국에서 가져왔다고 하지만 근거는 없습니다. 그
리고 그것을 에도〔동경〕 영운사(靈雲寺)에 주석하던 죠우곤(淨
嚴)이라는 승려가 법륭사의 원본을 1694년에 필사했다고 합
니다. 이것에 대해 저명한 종교학자 막스 뮐러(M. Müller)는
법륭사 소본 사본이 8세기 초에 필사된 것으로 주장하고 있
으며, 히카다 류쇼(干潟龍祥)는 8세기 말의 필사본이라고 주
장하고 있습니다.

대본은 장곡사(長谷寺)에 전해지고 있는데, 일본 밀교의 창
시자인 코우보우 다이시(弘法大師) 쿠우카이(空海)의 제자인
에운(慧運)이라는 승려가 847년에 중국에서 가져왔다고 합니
다. 현재 대본의 사본은 일본 밀교의 총본산 고야산(高野山)
정지원(正智院)에 보관되어 있습니다.

막스 뮐러는 1884년 소본〔법륭사본〕과 대본〔장곡사본〕의 텍스트 및 한역 대본과 소본, 그리고 『불정존승다라니(佛頂尊勝陀羅尼)』 텍스트와 함께 『반야심경』 소본과 대본의 교정본 및 영역본을 출간하였습니다. 막스 뮐러의 『반야심경』 교정본에 대해서는 필자의 졸저인 『범어로 반야심경을 해설하다』(민족사)를 참조하시기 바랍니다.

　　또한 일본의 저명한 인도철학자인 **나카무라 하지메**(中村元)와 기노 카즈요시(紀野一義)는 법륭사 사본과 현장스님 역이라고 추정되는 『범본반야바라밀다심경』, 산스크리트의 여러 사본 등을 참조하여 텍스트를 재구성하였을 뿐만 아니라, 일본어 번역본을 출간하였습니다.(中村 元, 1962)

　　또한 에드워드 콘즈(E. Conze)는 중국·네팔·일본의 사본들을 비교 연구하여 교정본을 출간하였습니다. 범본 『반야심경』 텍스트 자체에 관한 많은 연구가 있습니다만, 현재 『반야심경』에 관한 대표적인 교정본은 뮐러본(1884), 나카무라본(1962), 콘즈본(1967)의 3본이 널리 알려져 있습니다. 필자도 현장스님 한역본과 이 3본을 참조하여 『반야심경』에 대한 연구서인 『범어로 반야심경을 해설하다』라는 책을 지난해 3월에 출간하였습니다.

prajñāpāramitā-hṛdaya-sūtram

namas sarvajñāya

āryāvalokiteśvaro bodhisattvo gambhīrāyāṃ prajñāpāramitāyāṃ caryāṃ caramāṇo vyavalokayati sma: pañca skandhās, tāṃś ca svabhāva-śūnyān paśyati sma.

iha Śāriputra rūpaṃ śūnyatā, śūnyataiva rūpam. rūpān na pṛthak śūnyatā, śūnyatāyā na pṛthag rūpam. yad rūpaṃ sā śūnyatā, yā śūnyatā tad rūpam. evam eva vedanā-saṃjñā-saṃskāra-vijñānāni.

iha Śāriputra sarva-dharmāḥ Śūnyatā-lakṣaṇā anutpannā aniruddhā amalāvimalā nonā na paripūrṇāḥ.

tasmāc Chāriputra śūnyatāyāṃ na rūpaṃ na vedanā na saṃjñā na saṃskāra na vijñānam.

na cakṣuḥ-śrotra-ghrāṇa-jihvā-kāya-manāṃsi, na rūpa-śabda-gandha-rasa-spraṣṭavya-dharmaḥ, na cakṣur-dhātur yāvan na mano- vijñāna-dhātuḥ.

na vidyā nāvidya na vidyā-kṣyo nāvidyā-kṣayo yāvan na jarā-

maraṇaṃ na jarā-maraṇa-kṣayo na duḥkha-samudaya-nirodha-
mārga, na jñānaṃ na prāptiḥ.

tasmād aprāptivād bodhisattvāvāṃ prajñāparamitām āśritya viha-
raty acitta-varaṇaḥ cittāvaraṇa-nāstitvād atrasto viparyāstikrānto
niṣṭha-nirvāṇaḥ tryadhvayavasthitāḥ sarva-buddhāḥ prajñāpāramitām
āśrityānuttarāṃsamyak-sambodhim abhisambuddhāḥ.

tasmāj jñātavyaṃ prajñāpāramitā-mahāmantro mahāvidyāmantro ´
nuttaramantro śamasama-mantraḥ sarva-duḥkha-prasamanaḥ
satyam amithyatvāt prajñāpāramitāyām ukto mantraḥ, tad yathā:
gate gate pāragate pārasaṃgate bodhi svāhā.

　　　iti prajñāpāramitā-hṛdayaṃ samāptam.

일체지자(一切知者)에게 귀의합니다.

성스러운 관자재보살이 심원한 지혜의 완성〔반야바라밀다〕을 실천할 때 (존재하는 모든 것은) 5개의 모임〔오온〕이라고 규명하였다. 그리고 그것〔오온〕의 실체〔자성〕는 없다〔공〕고 간파하였다.

샤리푸트라여! 이 세상에 있는 색〔물질적 현상〕에는 실체가 없고〔공성〕, 실체가 없기 때문에 물질적 현상〔색〕이다. 실체가 없다고 하여도 그것은 물질적 현상을 떠나 있지 않다. 또한 물질적 현상은 실체를 떠나서 물질적 현상이 아니다. 그리고 물질적 현상은 모두 실체가 없다. 또한 실체가 없는 것은 물질적 현상이다. 이것과 같이 수 · 상 · 행 · 식도 모두 실체가 없다.

샤리푸트라여! 이 세상에 존재하는 모든 것은 실체가 없는 특성을 가지고 있다. (그러므로 존재하는 모든 것은 실체가 없기 때문에) 생기하지도 않고 소멸하지도 않고 더러운 것도 아니고 청정한 것도 아니고 줄어들지도 않고 증가하지도 않는다.

그러므로 샤리푸트라여! 실체가 없는 입장〔공〕에서는 물질적 현상〔색〕도 없고, 감수작용〔수〕도 없고, 표상작용〔상〕도 없고, 의지적 형성력〔행〕도 없고, 판단작용〔식〕도 없다. 눈도 없고, 귀도 없고, 코도 없고, 혀도 없고, 몸도 없고, 마음도 없고〔6근〕, 형체도 없고, 소리도 없고, 향기도 없고, 맛도 없고, 접촉할 대상도 없고, 마음의 대상도 없다.〔6경〕 눈의 영역〔안계〕으로부터 의식의 영역〔의식계〕에 이르기까지 모두 없다.〔6識〕

(깨달음이 없으면) 미혹〔무명〕도 없고, (깨달음이 없어지면) 미혹이 없어지는 것도 없다. 내지 늙음도 없고 죽음도 없고, 늙음과 죽음이 없어지는 것도 없다.〔12연기〕 괴로움도, 괴로움의 원인도, 괴로움을 벗어난 이상의 경지도 없고, 괴로움을 벗어나기 위한 방법도 없다.〔사성제〕 아는 것도 없고 얻는 것도 없다.

따라서 얻어지는 것이 없기 때문에 모든 보살의 반야바라밀다에 의지하여 그〔인간〕는 마음의 구애〔장애〕도 없이 안주하고 있다. 마음에 구애됨이 없기 때문에 두려움도 없고 전도된 마음을 멀리 떠나 영원한 평안에 들어간다. (과거·현재·미래의) 삼세에 머물러 계시는 붓다는 모두 반야바라밀다〔지혜의 완성〕에 안주하여 최상의 깨달음〔무상정등각〕을 완전하게 이루셨다.

따라서 (사람들은) 알아야 한다. 반야바라밀다의 커다란 진언, 커다란 깨달음의 진언, 무상(無上)의 진언, 무비(無比)의 진언은 모든 괴로움을 제거하고 헛됨이 없기 때문에 진실이다. 반야바라밀다에서 그 진언이 다음과 같이 설해졌다.

가테 가테 파라가테 파라상가테 보디 스바하
(가는 자여! 가는 자여! 피안으로 가는 자여! 피안으로 완전하게 가는 자여! 깨달음이여 행복이 있어라)

이상으로 반야바라밀다심(경)을 설했다.

6. 한문 『반야심경』과 주석서들

　『반야심경』이 동아시아에서 한역된 이후에 『반야심경』에 대한 많은 주석서들이 쏟아져 나옵니다만, 주로 현장스님의 한역본에 대한 주석서입니다. 어떤 자료에 의하면 『반야심경』에 대한 주석서로 중국에서는 77부, 일본에서는 45부가 전해지고 있다고 합니다. 물론 우리나라에서도 『반야심경』에 대한 주석을 달고 있지만, 현존하는 것은 신라 출신으로 당나라에서 활동했던 원측스님의 『반야바라밀다심경찬』뿐입니다. 그런데 중국에서는 유식, 선종, 천태, 화엄 등 각 종파적 입장에서 『반야심경』을 주석하고 있습니다. 먼저 유식 계통〔법상종〕의 대표적인 주석서로는

　　당 혜정의 『반야바라밀다심경소』
　　당 청매의 『반야바라밀다심경소』
　　당 규기의 『반야바라밀다심경유찬』

　등이 있습니다. 그리고 화엄종의 입장에서 『반야심경』을

주석한 것으로는 당 법장〔현수대사〕의 『반야바라밀다심경약소』가 있습니다. 그리고 인도 출신으로 『반야심경』을 한 자 한 자를 주석한 제파의 『반야바라밀다심경주』가 있으며, 법장스님의 『반야바라밀다심경약소』를 다시 주석한 송나라 사회의 『반야심경약소연주기』가 있습니다.

또한 천태종의 입장에서 주석한 명광의 『반야바라밀다경소』가 있으며, 선종의 입장에서 주석한 것으로는 당나라 혜충의 『반야바라밀다심경주』가 있습니다.

그리고 유일하게 구마라집스님의 한역본을 주석한 것으로 종방의 『반야바라밀다심경주해』가 전해지고 있습니다.

앞에서도 언급했지만, 현재 우리나라 사람으로 『반야심경』에 대한 주석서를 남긴 분은 원측스님뿐입니다. 원효스님의 주석서가 있다고 하지만, 산실되어 현재 전해지지 않고 있습니다. 게다가 원측스님의 『반야심경』 주석서인 『반야바라밀다심경찬』도 1권만이 전해질 뿐입니다. 원측스님의 『반야바라밀다심경찬』에 대한 한글 번역이 시중에 출판되어 있습니다. 관심이 있으신 분은 참조하시기 바랍니다.

마하반야바라밀다심경 제목에 대한 해설

이제 본격적으로『반야심경』의 해설에 들어갑니다만, 먼저『반야심경』이라는 경의 제목부터 말씀드리겠습니다. 우리들은 보통『반야심경』또는『심경』이라고 줄여서 부릅니다만, 우리들이 봉독하는『반야심경』의 온전한 이름은 '마하반야바라밀다심경'이며, 범어로는 '마하 프라쥬냐 파라미타 하리다야 수트라(mahā-prajñā-pāramitā-hṛdaya-sūtra)' 라고 합니다. 이것은 현장스님의 번역입니다. 구마라집스님은『마하반야바라밀대명주경』이라고 번역하였습니다.

불교 경전이라고 하면 해인사 장경각에 있는 수많은 판본으로 이루어진 팔만대장경이나 두꺼운 경전을 연상합니다만,『반야심경』은 한자로 260자, 제목까지 합치면 270자로 이

루어진 아주 간단한 경전입니다. 게다가 경전 하면 'ㅇㅇ
ㅇ……경'이라고 하여 반드시 제목이 있다고 생각하기 쉽습
니다만, 원래『반야심경』이라는 경전 자체의 제목은 없었습
니다. 한역자가 경전 말미의 '이상으로 반야바라밀다심을 끝
내다'라는 부분을 제목으로 가져왔다고 앞에서 말씀드렸습
니다. 그럼에도 불구하고 동북아시아에서는 경전 하면『반야
심경』을 연상할 정도로 예로부터『반야심경』은 천하제일의
경전이었습니다.

사람이나 동물의 이름이 그 사람이나 동물을 상징하듯이,
책의 제목은 그 책의 전체 내용을 가장 잘 나타내는 것입니
다. 그런데 필자는 요즈음 인터넷을 통해 책의 제목만 보고
구입했다가 책의 제목과 내용이 일치하지 않아 크게 낭패를
당한 적이 한두 번이 아닙니다. 그래서 얌체짓인 줄 압니다
만, 서점에 가서 사고 싶은 책의 내용을 대충 읽어 보고 집에
와서 인터넷 서점을 통해 구매합니다. 반면 불교 경전의 제
목은 내용을 충실하게 반영하고 있습니다.

이처럼 불교 경전은 경전의 내용을 잘 나타내고 있기 때
문에, 예로부터 경전을 해설할 때는 제호(題號), 즉 경전의 제
목부터 해석하는 것이 일반적인 관례였습니다. 그래서 필자

도 이런 관례에 따라 『반야심경』의 제목부터 해석하고자 합니다.

필자는 『반야심경』의 온전한 제목인 '반야바라밀다심경'을 '완전한 지혜에 이르게 하는 반야경의 핵심을 담은 경전'이라고 해석합니다. 어째서 필자가 이런 번역을 할까? 독자들 중에는 궁금한 분도 계실 줄 압니다만, 그 이유를 마하, 반야, 바라밀다, 심경의 4부분으로 나누어 설명하고자 합니다.

1. 마하(摩訶) ─ 위대하고 위대함

먼저 『반야심경』의 경명에 처음으로 등장하는 '마하'에 대해 말씀드리겠습니다. 마하는 범어인 '마하(mahā)'를 음사〔소리 말〕한 것으로 '크다(大)'·'모두'·'대단한'·'위대한'의 의미가 있습니다. 그래서 부처님의 뒤를 이어 교단을 실제적으로 계승한 뛰어난 제자인 가섭에게 '마하'를 붙여 '마하가섭 또는 대가섭'이라고 한다든지, 부처님의 입멸을 그냥 열반이라고 하지 않고 '대반열반(大般涅槃)', 즉 '마하 파리니르바나(mahā-parinirvāṇa)'라고 하는 것처럼 존경하는 사람이나 대상 앞에 쓰기도 합니다.

용수보살의 반야경에 대한 주석서인 『대지도론(大智度論)』 권3에서는 '마하는 크다는 것[大]과 많다는 것[多]과 뛰어나 다는 것[勝]으로 번역할 수 있다'고 하였습니다. '마하'가 크 다는 것은 공간적으로 절대적이라는 의미이며, 많다는 것은 숫자적인 개념을 초월해 있다는 것이며, 뛰어나다는 것은 다 른 그 무엇보다 수승하다는 것이라고 할 수 있습니다. 즉 마 하는 시공간을 초월한 절대적 의미입니다.

그런데 260자에 불과한 『반야심경』의 제목 앞에 왜 '마하' 를 첨가했을까? '마하'란 대승불교의 '대(大)'를 의미한 것으 로 생각할 수도 있습니다. 대승의 범어에 해당하는 '마하야 나(Mahāyāna)'는 '크다'는 의미를 취하여 '큰 수레[大乘]'라 고 해석하였습니다. 반면 히나야나(hināyāna)는 소승, 즉 작은 수레를 상징합니다. 그러므로 소승이 자전거라면 대승은 기 차에 비유할 수 있습니다. 그래서 대승이란 '모든 사람들을 구제하겠다'는 커다란 소망이 담겨 있다고 할 것입니다. 다 시 말해 대승불교는 번뇌가 가득한 사바세계, 즉 차안[이쪽 강 언덕]에서 부처님의 세계이자 깨달음 세계인 피안[저쪽 강 언덕)으로 많은 중생을 태우고 가는 크고 뛰어난 수레를 의미한다고 할 것입니다.

독자들께서는 같은 불교를 왜 **대승불교**와 **소승불교**로 구분하는지 의문을 가지는 분도 있을 줄 압니다만, 대승과 소승의 차이점에 대해서는 대부분의 독자들이 알고 있을 것 같아서 생략하겠습니다. 다만 소승이라는 용어에 대해 한 가지만 지적하고 넘어가겠습니다.

소승이라는 말은 대승불교에서 일방적으로 붙인, 폄하해서 부르는 차별적인 용어입니다. 부파불교 스스로 소승불교라고 자처한 적은 없습니다. 그러므로 가능하다면 상대방이 원하는 호칭이나 명칭을 불러 주는 것이 좋다고 생각합니다. 우리들은 자의적으로 소승불교라고 부르지만, 서양에서는 '테라바다', 일본에서는 남방상좌부 또는 남방불교라는 명칭을 사용하고 있습니다. 그래서 필자는 독자들께 소승불교 대신에 '남방불교'라는 호칭을 권하고 싶습니다.

요즈음 남방불교의 위빠사나 수행법이 우리나라에 널리 소개되면서 소승불교라는 호칭이 그다지 사용되지 않고 있습니다만, 여전히 일부 스님들이나 불교도 중에서는 남방불교를 무시하는 투로 소승불교라는 명칭을 고집하는 분이 있습니다. 이제는 그런 편견을 버려야 할 시점이 온 것이 아닌가 생각합니다. 자기가 믿고 있는 것이 소중한 만큼 다른 사람들이 믿고 있는 것을 존중해 주어야 합니다. 이것이 부처님의 가르침 아닌가요!

이런 부처님의 입장을 잘 나타낸 『**범망경**(梵網經, 한역에서는 범동경)』의 일화를 하나 소개하겠습니다. 범망이란 범천〔梵〕의 그물〔網〕을 말합니다. 마치 숙련된 어부가 연못에 그물을 던져 모든 물고기를 잡을 수 있는 것처럼, 부처님 당시 사상계의 바다에 범천의 그물을 던져 모든 사상, 즉 62견의 사상을 불교의 입장에서 비판하고 그 오류를 설하는 경전입니다.

부처님이 왕사성에 계실 때에 유행자 선념(善念)은 삼보를 비방하고, 그의 제자 범마달은 불교를 극도로 칭찬하여 서로의 주장을 굽히지 않았습니다. 비구들이 부처님에게 둘 사이의 논쟁에 대해 전했습니다. 그러자 부처님께서는 제자들에게 다음과 같은 교훈을 주었습니다.

"만약 불교가 다른 사람으로부터 비방받아도 그것에 대해 성내거나 슬퍼할 필요가 없다. 또한 다른 사람으로부터 칭찬받아도 너희들은 기뻐해서도 안 된다. 타인의 의견에 따라 감정이 움직이게 되면 냉정하고 바른 판단을 내릴 수 없다. 우리들은 언제나 냉정하게 사물을 관찰하고, 무엇 때문에 바르고, 그른가 그 이유를 바르게 검토하여 진실한 모습을 파악할 필요가 있다.”

이것은 부처님께서 얼마나 비판적이고 합리적이었는가를 여실하게 보여 주는 일화라고 할 것입니다. 요즈음 이웃종교의 신자 중에서는 불교를 서슴없이 폄하하는 사람들이 있습니다만, 그런 행위는 결국 날카로운 칼이 되어 자기자신에게로 되돌아온다는 사실을 자각해야 할 것입니다. 우리 불교도는 부처님 말씀대로 성실히 신행생활을 하여 그네들의 그릇된 행동에 모범을 보여야 할 것입니다.

6조 혜능선사의 저작이며, 선종의 소의경전이라고 할 수 있는 『육조단경』에서도 ‘마하’를 ‘크다’는 뜻으로 해석하고 있습니다. 그리고 “우리들 마음의 넓이는 참으로 광대하여 마치 허공과 같이 한계도 끝도 없다. 또 둥글거나 모나거나 크고 작고가 없고, 푸르고 누르고 붉고 희고 하는 빛깔이 있는 것도 아니다. 또 높이의 위아래도 없고 길이의 장단도 없

으며, 성날 것도 없고 기쁠 것도 없으며, 선악도 없으며, 시작
도 종말도 없다."(『육조단경』, 나카가와 다카 지음, 양기봉 옮김,
김영사)라고 하여 마하를 '마음'을 수식하는 의미로 해석하
고 있습니다.

여기서 마음이란 바로 자기의 본성〔불성〕이며, 그 마음은
'반야바라밀'이라고 하였습니다. 그러므로 자기를 바로 보는
것은 자기의 마음을 바로 보는 것이며, 마음을 바로 보는 것
은 피안으로 건너는 것〔지혜의 완성〕이며, 지혜의 완성은 바
로 불성을 회복하는 것입니다. 그래서 선종에서는 **심즉불**(心
即佛)이라고 했던 것입니다.

그런데 '마하'라는 말은 본래 소본 범본과 현장스님 번역
에는 없지만, 구마라집스님 번역에는 등장합니다. 그렇지만
현재 우리들은 현장스님이 번역하신 『반야심경』을 봉독할
때도 습관적으로 '마하'를 첨가하고 있습니다.

2. 반야(般若) ─ 공을 체득한 지혜

이제 우리들에게 너무나 친숙한 말인 반야에 대해 설명하

겠습니다. 불교를 흔히들 '지혜의 종교', '자비의 종교' 또는 '깨달음의 종교' 심지어 '신행의 종교' 라고도 합니다. 불교를 어떻게 정의하든 나름대로 타당한 이유가 있다고 생각합니다. 필자는 불교를 지혜의 종교라고 생각합니다. 불교를 지혜의 종교라고 하는 이유를 경전의 일화를 통해 살펴보고자 합니다. 이 경전의 일화는 환자를 낫게 하거나 죽은 사람을 살리는 기적을 행한 예수의 교화 방법과 대비되는 이야기입니다.

"슈라바스티(코살라국의 수도, 한역에는 사위성)의 상인의 딸인 크리샤 가우타미는 갑자기 그녀의 후계자인 사랑스런 아들을 잃었다. 그러자 그녀는 죽은 아들을 안고 거리를 헤매며 만나는 사람마다 아들을 살릴 수 있는 약을 줄 것을 호소했다. 사람들은 죽은 사람을 살릴 수 있는 약이 어디 있겠느냐고 하며 그녀를 미친 사람 취급을 하였다. 그러한 그녀를 불쌍하게 여긴 어떤 사람이 우연히 슈라바스티를 들른 부처라는 성자가 있으니 그에게 가보라고 일러 주었다.

부처님에게 간 그녀는 자식을 살릴 수 있는 약을 줄 것을 호소했다. 그러자 부처님께서는 가족 가운데 누구도 죽지 않은 집에 가서 겨자 씨앗을 받아 오면 자식을 살려주겠다고 했다. 그러자 크리샤 가우타미는 죽은 아들을 안고 죽은 사람이 없는 집을 열심히 찾아 헤매었다. 그러나 죽은 자가 없는 집은 어디에도 없었다. 그러한 사이에 그녀는 무상(無常)이라는 것은 신이라도 면할 수 없는 것이며, 세상에 정해진 법칙이라는 것을 그녀 스스로 알게 되었다. 죽은 자식을 화장한 후에 부처님에게 돌아온 그녀는 출가할 것을 허락 받고, 수행에 전념하여 후에 성자가 되었다고 한다."

(『법구경주(法句經註)』)

이처럼 부처님은 생·노·병·사라는 고[괴로움]에 빠져 있는 인간의 본질에 관심을 가졌고, 기적 따위를 행하는 것 없이 인간 스스로 진리에 눈 뜨기를 기다렸습니다. 즉 부처님은 우리들에게 스스로 지혜의 눈을 체득하는 방법만 제시하고 있을 뿐입니다. 그러므로 지혜를 체득하는 것은 우리들의 몫입니다. 그래서 필자는 불교를 '지혜의 종교'라고 정의하였던 것입니다.

사족이 길었습니다만, 하여튼 반야란 **지혜**(wisdom)라는 뜻입니다. 반야란 범어로 프라쥬냐(prajñā)', 팔리어로는 판냐

(paññā)라고 하는데, 아마도 지혜라는 말로 그 의미를 전부 표현할 수 없었기 때문에 판냐를 중국인들이 반야라고 음사한 것 같습니다.

반야의 범어인 프라쥬냐는 '매우, 뛰어난' 등의 의미인 접두어 '프라(pra)'와 '알다' 라는 동사 쥬냐(jñā)로 이루어진 말입니다. 그래서 필자는 프라쥬냐를 '가장 뛰어난 지혜' 라는 뜻으로 해석합니다. 그러므로 분별을 동반한 우리들의 일반적인 지혜〔미혹한 인간의 지혜〕가 아니라, 번뇌를 완전히 벗어난 깨달은 자의 지혜, 즉 부처님의 지혜라고 할 것입니다. 『반야심경』의 표현을 빌리자면 바로 색즉시공 공즉시색의 '공을 체득한 지혜' 일 것입니다.

그래서 불교에서는 부처님의 지혜를 무분별지, 범부의 지혜를 분별지라고 구별합니다. 또는 범부의 지혜를 '알다' 라는 의미의 식(識)이라고도 합니다. 유식사상에서는 식을 마음〔心〕이라고 하는데, 이 식〔마음〕을 아뢰야식, 말나식, 의식 등의 8가지로 나누기도 합니다.

그런데 중국불교에서는 반야를 **실상반야**와 **관조반야**로 나누기도 합니다. 실상반야란 진리의 객관 대상으로, 반야의 지혜에 의해 관조된 대상〔일체법〕의 진실한 모습〔실상〕을 말합니다. 관조반야는 진리의 주체로, 사물의 실상을 관조하여 철저하게 아는 지혜입니다. 또한 실상반야와 관조반야에 대해 판단 사유작용을 통해 모든 사물의 차별을 이해하는 상대적인 지혜인 방편반야와 실상반야 · 관조반야를 설명한 것으로 반야경의 모든 경전을 지칭하는 문자반야로 구분하기도 합니다. 그러나 실상과 관조, 방편과 문자의 반야는 서로 떨어질 수 없는 불가분의 관계이며, 다만 우리들의 이해를 돕기 위해 편의상 구분하고 있습니다.

한편 원효대사는 지혜를 문혜(聞慧), 사혜(思慧), 수혜(修慧)의 3종류로 구분하기도 합니다. 문혜란 신뢰할 수 있는 스승의 올바른 가르침을 들어 얻어지는 지혜이며, 사혜란 신뢰할 수 있는 스승으로부터 들은 것을 올바르게 생각하여 얻는 지혜이며, 수혜란 문혜와 사혜를 바탕으로 올바른 정〔삼매〕을 통해 얻어지는 지혜입니다. 특히 수혜는 모든 번뇌나 의혹을 지멸〔제어〕시키는 기능을 담당합니다. 그렇지만『반야심경』에서 말하는 반야〔지혜〕는 상대적인 지혜가 아닌 절대적인 지혜, 즉 '존재하는 모든 것은 공'이라는 것을 체득하는 지혜입니다.

3. 바라밀다 (波羅蜜多) ― 차안에서 피안으로 건너다

다음은 바라밀다에 대해 말씀드리겠습니다. 우리들은 바라밀다를 도피안(到彼岸) 또는 완전·완성이라고 번역합니다만, 어떤 근거로 두 가지로 번역이 가능할까? 그것은 현장스님과 구마라집스님의 번역에 의한 것입니다.

바라밀다는 범어 파라미타(pāramitā)를 음사한 것으로, 파라미타라는 단어를 어떻게 분석하는가에 따라 의미가 달라집니다. 구마라집스님은 파라미타(바라밀다)를 도피안으로 번역하였습니다. 구마라집스님이 파라미타를 도피안으로 번역한 이유는 다음과 같습니다. 지금부터 범어의 문법적인 설명이기 때문에 조금 복잡하고 지루하게 느낄 수 있습니다만, 인내를 가지고 읽어 주시면 고맙겠습니다.

'파라미타(pāramitā)'에서 '파람(pāram)'은 파라(pāra)의 목적격(~에, ~을)으로 '피안에'라는 뜻입니다. 그래서 『반야심경』을 영어로 번역한 에드워드 콘즈는 'beyond'로 번역하였습니다. 그리고 '이타(ita)'는 '가다·걸어 다니다'라는 뜻의 동사어근 '이(i)'와 과거수동분사인 '타(ta)'로 이루어진 형태입니다. 이 '이타(ita)'를 여성형으로 만들어 '이-타(itā)'가 된 것으로 '이르다'는 의미입니다. 그래서 에드워드 콘즈는 '이-타(itā)'를 'she who has gone'이라고 영역하였습니다.

에드워드 콘즈의 영역은 바로 구마라집스님의 번역에 따른 것입니다. 즉 구마라집스님은 파라미타를 **도피안**, 즉 '피안에 이르다'라고 한역하였습니다. 다시 말해 구마라집스님은 '바라밀다(파라미타)'를 '미혹의 차안(사바세계)으로부터 피안(깨달음)에 이르다'로 번역하였던 것입니다.

불교에서는 고통이 있는 현실의 세계, 즉 미혹한 우리들의 사바세계를 '차안(此岸, 岸이란 물가의 둔덕진 곳을 말한다. 그래서 불교에서는 차안을 이쪽 강 언덕이라고 한다)'이라고 합니다. 이에 반해 이상의 세계, 즉 깨달음 세계(자유로운 세계)를 '피안(彼岸, 저쪽 강 언덕)'이라고 합니다. 그래서 '바라밀다'는 차안(이쪽 강 언덕)에서 피안(저쪽 강 언덕)으로 건너는 것, 이른바 인생의 목적지에 도달하는 것을 말합니다. 그리고 '도(到)'라는 것은 '건너다·이르다'라는 의미로 이 언덕에서 저 언덕으로 건너는 것입니다.

그런데 불교의 이상세계인 '피안'이란 불타의 세계이기 때문에 '피안에 도달하다'·'피안을 건너다'라는 것은 결국 지혜를 발판으로 삼아 깨달음을 얻어 부처〔붓다〕가 되는 것을 말합니다. 그러므로 '피안'이라는 것은 불교의 이상과 목적을 나타내는 아주 상징적인 표현입니다. 그래서 『육조단경』에서도 마하반야바라밀을 '위대한 지혜가 깨달음의 저 언덕에 이르다'로 해석하고 있는 것입니다. 또한 정토교 경전에서는 피안을 깨끗한 국토라는 뜻으로 정토(淨土), 차안을 더러운 국토라는 뜻으로 예토(穢土)라고도 합니다.

그런데 대승불교는 차안에서 피안으로 건너갈 때 혼자 가는 것이 아닙니다. 많은 중생들과 함께 깨달음의 세계〔피안의 세계〕로 건너갑니다. 우리들이 법회를 마치고 '성불합시다'라고 인사를 합니다만, 대승불교는 우리 모두 함께 부처님이 되자는 뜻입니다. 그래서 대승불교에서는 오로지 혼자 깨달음을 얻겠다는 불교도인 부파불교를 소승불교라고 폄하하여 부르기도 합니다.

혹시 독자들께서는 '반야선'이라는 말을 들은 적이 있거나 **반야용선**을 그린 탱화를 본 적이 있습니까? 반야선이란 지혜의 배〔船〕, 반야용선이란 '용의 모양을 한 지혜의 배'를 말합니다. 다시 말해 배〔지혜〕는 차안의 세계에서 피안으로 건너가게 해 주는 아주 중요한 수단입니다. 이 배의 선장은 바로 부처님이고, 선원은 지장보살입니다. 그리고 승객은 바로 우리들 중생입니다. 배의 승객에는 출가자인 스님과 여자, 남자, 어린아이, 할머니, 병자의 재가자들, 즉 모든 중생이 함께 타고 있습니다. 이처럼 반야용선에는 많은 중생이 함께 타고 피안으로 가고 있습니다. 이것이 바로 대승불교가 지향하는 목표입니다.

그리고 파라미타를 '완전 · 완성'이라고 번역한 이유는 다음과 같습니다.

'파라미타(pāramitā)'에서 '파라미(pārami)'는 '피안에 이르다'는 것과 상태를 나타내는 추상명사 '타—(tā)'를 합친 것으로, 해석하면 **완전하게 도달한 상태**라는 의미가 됩니다. 그래서 '파라미타'를 '완전 · 완성'이라고 번역한 것입니다. 이런 이유에서 '반야바라밀다'는 '지혜의 완성(The perfection of wisdom)'이라는 의미가 되는데, 이것은 현장스님의 번역입니다. 그래서 필자도 현장스님의 번역에 따라 '반야바라밀다'를 '지혜의 완성'으로 번역하였습니다.

그렇지만 두 분 스님의 번역 중에 어떤 번역이 좋은지 필자도 사실 판단하기 어렵습니다. 현장스님은 원문을 정확하게 번역하셨지만, 너무 딱딱하고 정감이 없어 친근감이 가지 않습니다. 반면 구마라집스님의 번역은 뜻이야 어떠하건 쉽게 와 닿고 정감이 있는 것 같습니다. 독자 여러분들은 어떤 느낌이 듭니까?

그런데 또 다른 한역에서는 '프라쥬냐 파라미타〔반야바라밀다〕'를 '지도(智度)'라고 번역하였습니다. 용수보살이 주석한 『대품반야경』의 주석서를 『대지도론(大智度論)』이라고 하는데, 이것은 이 번역을 채택한 것입니다.

4. 심경(心經) ─ 반야경의 핵심

계속해서 심경(心經)에 대해 말씀드리겠습니다. 심(心)이라고 하면 보통 독자들께서는 '마음'을 먼저 떠올리게 될 것입니다만, 여기서 심이란 마음이 아닙니다. 심이라는 글자의 범어는 '하리다야(hṛdaya)'로 심장을 뜻합니다. 그래서 에드워드 콘즈는 이런 의미를 살려 심경을 하트 수트라(heart-sūtra)라고 영역한 것 같습니다.

오늘날에는 인간의 중심은 뇌라고 생각합니다만, 옛날 사람들은 인간의 중심을 '심장'이라고 생각하였습니다. 이런 영향 때문에 지금도 우리들은 누군가가 자기 말을 믿어 주지 않을 때 "내 진심이야."라고 하면서 손으로 자기 가슴을 칩니다. 그래서 하리다야〔심장〕은 '핵심·진수·중심'이라는 의미가 됩니다.

그렇다면 하리다야〔심〕란 무엇의 핵심이고, 무엇의 진수이고, 무엇의 중심일까요? 즉 『반야심경』은 대승불교 성전인 반야경의 진수이고 핵심이라는 것입니다. 구체적으로 말하면 260자로 이루어진 간단한 경전인 『반야심경』은 대반야경(大般若經) 600권의 진수일 뿐만 아니라 많은 불교의 경전 중에서도 가장 핵심적인 내용〔붓다의 가르침〕을 담고 있는 경전임을 나타내고 있는 것입니다.

오늘날 불교의 최대 장점이자 단점은 팔만사천 법문이라고 할 만큼 많은 경전이 존재한다는 것입니다. 이런 이유 때문에 너무나 많은 부처님의 가르침을 혼란스럽다고 생각하는 사람이 있다고 생각합니다. 그렇다면 『반야심경』을 한 글자 한 글자 꼼꼼히 읽고 음미하면 좋을 것입니다. 왜냐하면 『반야심경』은 반야경의 핵심뿐만 아니라 대장경 전체의 진수〔핵심〕를 담고 있기 때문입니다.

그러나 『반야심경』은 부처님의 가르침을 너무나 간략히 축약하였기 때문에 그 진수를 이해하는 것이 쉬운 일은 아닙니다. 그러므로 우선 『반야심경』에 나타난 부처님의 가르침을 믿는 마음이 필요합니다. 그리고 뛰어난 선지식의 도움을 받아 『반야심경』의 내용을 철저하게 이해해야 합니다. 그런 연후에 『반야심경』의 진정한 의미, 다시 말해 붓다의 가르침을 이해〔이론〕하고 실천할 수 있는 것입니다. 그래서 불교를 신앙(信仰)의 종교라고 하지 않고 부처님의 가르침을 믿고 실천한다는 의미에서 신행(信行)의 종교라고 하는 것입니다.

그리고 경, 즉 '수트라'에 대해서는 부록편 '경전은 어떻게 만들어졌는가'를 참조하시기 바랍니다.

이상으로 『반야심경』의 온전한 제목인 '마하반야바라밀다심경'에 대한 설명을 마쳤습니다. 이제 독자들께서는 앞에서 필자가 '마하반야바라밀다심경'을 '완전한 지혜〔彼岸〕에 이르게〔到〕하는 반야경의 핵심〔진수〕을 담은 경전'이라고 번역한 이유를 알 것입니다.

이제부터 『반야심경』에 대한 준비운동을 마치고 본격적으로 『반야심경』의 내용에 들어가겠습니다. 끝까지 인내심을 가지고 읽어 주시길 바랍니다.

앎과 실천으로 해탈에 이르다

이제부터 『반야심경』 본문 해설에 들어가고자 합니다. 『반야심경』의 첫 가르침은 다음과 같습니다.

관자재보살 행심반야바라밀다시 조견오온개공 도일체고액
觀自在菩薩 行深般若波羅蜜多時　照見五蘊皆空 度一切苦厄

이 구절을 해석하면 '관자재보살이 깊은 반야바라밀다를 실천할 때, 오온이 모두 공이라는 것을 조견하여 일체의 괴로움과 재앙에서 벗어났다'는 뜻입니다.

이처럼 『반야심경』의 첫 경문은 한자(漢字)로 25자에 불과하지만, 『반야심경』의 전체 내용을 담고 있는 중요한 구절입니다. 즉 이 구절에서는 오온이 모두 공이라고 단언하고 있습니다. 그리고 오온이 공이라는 것을 조견하면 모든 괴로움과 재앙을 벗어난다고 합니다.

1. 관자재보살은 어떻게 괴로움과 재앙에서 벗어났는가

1) 관자재 — 중생의 고통을 관하다

정말이지 『반야심경』은 기분이 묘할 정도로 뜬금없이 시작합니다. 이제 이처럼 예의 없는 『반야심경』을 서두르지 말고 차근차근 풀이해 보도록 하겠습니다.

먼저 『반야심경』은 관자재보살이라는 말로 시작합니다. 그러면 우리들이 『반야심경』을 독송할 때마다 등장하는 관자재보살이란 어떤 보살일까요? 관세음보살은 많이 들어봤는데 관자재보살은 어떤 보살이지? 하고 의문을 가진 분도 계실 것입니다. 예! 그렇습니다. **관자재보살**은 바로 관세음보살의 또 다른 이름입니다.

현장스님은 관자재보살이라고 번역하였고, 구마라집스님은 **관세음보살**이라고 번역하였습니다. 그렇다면 원어가 어떻기에 두 스님은 다르게 번역하였을까요?

관자재의 범어는 '아바로키테스바라(avalokiteśvara)' 입니다. 이중에서 아바로키타(avalokita)는 '관', 이스바라(īśvara)는 '자재'로 한역한 것입니다. 조금 더 설명하면 '아바로키테스바라'는 접두어 '보다'라는 의미인 '아바(ava)'와 세간〔세계〕을 의미하는 '로카(loka)'에다 어미 '이타(ita)'와 자유 또는 자재를 의미하는 '이스바라(īśvara)'가 합쳐진 복합어입니다. 여기서 자재〔이스바라〕는 어떤 것에도 속박되지 않는다는 의미입니다.

조금 어렵게 말하면 자재란 오온이 공이라는 것을 조견하여 깊고 깊은 반야를 체득하기 위해 끊임없이 수행하는 사람으로서, 이른바 자신의 욕망에서 비롯된 번뇌로부터 완전하게 벗어난 자〔보살〕입니다. 그러나 이 보살은 이상적인 사람이 아니라 깨달음을 얻기 위해 열심히 수행하는 자, 즉 바로 우리 자신일 수도 있습니다. 그래서 관자재보살을 굳이 번역하자면 '자유자재하게 세계를 바라보는〔관찰하는〕 보살'이라는 뜻이 될 것입니다. 아마도 현장스님이 '아바로키테스바라'를 관자재보살로 번역한 것은 지혜의 보살을 강조하기 위한 것으로 생각됩니다.

한편 구마라집스님은 『묘법연화경(법화경)』에서 '아바로키테스바라'를 '관세음' 또는 '세음'으로 번역하였습니다. 관세음이란 세음〔세상의 소리〕을 관(觀)하다는 뜻입니다.

'보다'는 의미의 한자는 볼 견(見), 볼 관(觀), 볼 시(視), 살필 찰(察)의 4종류가 있는데, 볼 견(見)과 볼 시(視)는 눈으로 본다는 의미가 강합니다만, 볼 관(觀)과 살필 찰(察)은 단순히 본다는 의미보다 자세하게 살핀다는 뜻입니다. 그래서 불교에서 관과 찰은 마음의 눈으로 사물을 자세하게 본다는 뜻으로 사용하며, 관찰(觀察)에 의해서만이 내 자신과 사물의 진실한 모습을 볼 수 있다고 합니다.

이처럼 현장스님과는 달리 구마라집스님이 관세음이라고 번역한 것은 '세간에 살고 있는 중생의 고통〔육신과 마음의 고통〕을 다 듣고 관찰하여 그들의 고통을 구제한다'는 **자비의 보살**을 강조하기 위한 것으로 생각됩니다.

우리들이 기도할 때 대자대비하신 관세음보살님이나 천수천안관세음보살님이라고 명호〔이름〕를 부르는 것은 모든 중생에게 두려움이나 공포를 없애 주는 자비의 보살님이기 때문입니다. 특히 티베트에서는 관세음보살의 육자대명왕진언인 '옴 마니 파드메 훔〔옴 마니 반메훔〕'을 끊임없이 독송합니다. 이 진언을 간절히 독송하면 관세음보살이 재앙, 병 등의 고통으로부터 지켜 준다고 믿기 때문입니다.

관세음보살 신앙이 잘 드러난 경전은 『법화경』 제25 「관세음보살보문품」입니다. 이것은 나중에 『관음경』이라는 별도의 독립된 경전이 되어 대승불교도에게 널리 유포되었습니다. 여기에는 관세음보살의 이름을 부르면 7가지 어려움〔七難〕, 즉 자연현상에서 빚어지는 곤경인 불·물·풍〔바람〕, 사회적인 불행인 칼〔전쟁 등〕, 초자연적 현상으로부터의 곤경인 귀신, 삶의 현실적인 곤경인 형벌·도둑을 피할 수 있다고 하였습니다. 이처럼 관세음보살 신앙은 현실적인 구제를 소원하는 신자들에게 효험이 있다고 믿어져 관세음보살 신앙으로 발전하였습니다.

잘 알고 계시듯이, 아미타불은 서방 극락정토에 계시면서 모든 중생을 극락세계로 인도합니다. 그럼 관세음보살은 어디에 계시면서 중생의 고통스러운 소리를 들을까요? 도대체 관세음보살은 어디에 거주할까요? 관세음보살이 거주하는 곳을 범어로 **포탈라**(Potala)라고 합니다. 티베트의 수도 라사

(Lha sa)에는 역대 달라이 라마가 거주했던 포탈라 궁전이 있습니다. 달라이 라마가 거주하는 곳을 포탈라라고 한 것은 달라이 라마가 관세음보살의 **화신**(化身)이기 때문에 포탈라 궁전이라는 이름을 붙인 것입니다.

앞 문장에서 화신이라는, 조금 까다로운 개념이 등장했습니다. 이 글과는 관계가 없지만, 약간의 설명을 덧붙이고자 합니다. 아마 독자들께서도 최근에 개봉하여 전 세계적으로 히트를 친 '아바타(avatar)'라는 영화를 기억할 것입니다. 바로 화신은 범어 '아바타'의 번역입니다. 정확한 표현은 아바타라나(avatārana)입니다. 아바타라나란 우주 안의 지존[신]의 정신이 물질적인 이 세상(현상) 속으로 건너온다는 뜻입니다. 즉 신(神)이 인간의 모습으로 강림하는 것입니다. 이것은 인간세계 속으로 신이 하강하는 것으로서 인간이 신에게로 상승하는 것은 아닙니다. ·이 화신의 개념은 신과 인간 사이의 간격을 메우는 가장 효과적인 방법입니다.

힌두교에는 3억 3천의 신이 존재한다고 합니다만, 그중에 3신(神)이 가장 존중받습니다. 즉 우주[세계]의 창조신인 브라흐만(Brahma), 창조된 세계를 유지하는 신인 비슈누(Viṣṇu), 세계를 파괴하는 파괴신인 시바(Śiva)입니다. 여기서 화신의 성격을 강하게 갖는 신은 비슈누입니다. 비슈누의 대표적인 화신으로는 물고기, 거북, 멧돼지, 사자인간, 난쟁이, 라마, 크리슈나, 붓다, 칼키 등이 있습니다. 특히 힌두교도는 부처님도 비슈누신의 9번째 화신으로 생각합니다. 그래서 불교도 힌두교의 일부라고 생각하는 경향이 있습니다. 그리고 시바신의 대표적인 화신은 링가(linga)입니다. 링가는 돌로 조각한 남자의 성기, 즉 남근입니다. 지금도 시바신을 모시는 힌두교 사원에는 시바신의 화신인 링가를 반드시 안치하여 숭배하고 있습니다.

그런데 인도에서는 시바신과 비슈누신을 숭배하는 지역이 다릅니다. 시바신은 남쪽에서 숭배 받고, 비슈누신은 북쪽에서 숭배를 받습니다. 왜 이런 현상이 발생할까요?

인도는 지역에 따라 경제적인 편차가 심합니다. 남쪽은 북쪽 지역에 비해 가난합니다. 경제적으로 어려운 남쪽 지역은 현실사회가 그대로 유지되기를 바라지 않습니다. 그들은 새로운 변혁을 원합니다. 따라서 남쪽 지역에서는 파괴의 신인 시바신을 사원에 주로 모시는 것입니다. 반면 인도의 북쪽 지역은 남쪽에 비해 부유합니다. 따라서 그들은 지금의 사회가 유지되기를 원합니다. 그래서 당연히 유지의 신인 비슈누신을 숭배합니다.

이런 현상은 우리나라에도 있었던 일입니다. 해방 전까지 우리나라에 기독교 신자가 가장 많은 지역은 평양이었습니다. 그리고 해방 후에는 비교적 호남지방이 다른 지역에 비해 기독교 신자 비율이 높았습니다. 평양 지역은 고려시대 이래로 비주류로 차별을 받았으며, 호남지방은 조선시대를 거쳐 해방 후에도 군사정권에 의해 차별을 받았던 지역입니다. 따라서 종교적으로도 기존의 정치세력으로부터 지원을 받던 유교나 불교에 대해 거부감이 많았습니다.

다시 말해 차별지역인 평양이나 호남지방에서는 기존의 종교인 유교나 불교가 서민들의 요구를 제대로 수용하지 못하고 있었습니다. 그런데 이런 지역에 새로운 종교가 전파됩니다. 바로 기독교입니다. 이 새로운 종교는 차별 받던 민중들의 요구를 수용하였기 때문에 당연히 지지를 받을 수밖에 없었습니다.

반면 영남지방은 평양이나 호남지방과는 사정이 다릅니다. 영남 좌도 지방〔안동, 대구〕과 우도 지방〔진주 등〕의 사정이 조금 다릅니다만, 정치적으로 기득권층을 옹호했습니다. 그래서 종교적으로도 기득권층의 옹호를 받는 불교나 유교의 비율이 높았습니다. 다시 말해 불교가 영남지방 민중의 정서를 대변해 주었던 것입니다. 그래서 영남지방은 상대적으로 기독교 신자의 비율이 낮은 것입니다. 성급한 일반화의 오류를 범하고 있는지는 모르겠습니다만, 이처럼 종교란 인도뿐만 아니라 한국에서도 현실사회를 그대로 반영한다고 할 것입니다.

하여튼 두 스님의 번역 중에 어떤 것이 올바른지 필자가 감히 판단하기 어렵습니다만, 원어에 충실한 현장스님의 번역인 관자재보살보다는 우리들이 자주 부르는 관세음보살이라는 호칭이 더욱 친숙하게 느껴지는 것은 어쩔 수 없는 것 같습니다.

2) 보살 — 깨달음을 위해 노력하는 자

이제 보살에 대해서 말씀드리겠습니다. 보살이라고 하면 우리들은 보통 '절에 다니는 여성 재가신자'를 연상하기 쉽습니다. 그렇지만 보살이란, 범어의 남성명사 '보디 사트바(Bodhi-sattva)'의 음사인 '보리살타(菩提薩埵)'를 생략한 말로 '깨달음을 위해 노력하는 사람' 또는 '깨달음이 확정된 사람'이라는 뜻입니다. 그리고 오늘날 보살이라고 할 때는 다음과 같이 크게 4가지 의미가 있습니다.

첫째는 인도의 뛰어난 학승으로서 훌륭한 저작을 남긴 분을 말합니다.

이런 보살은 대승불교에 수도 없이 등장합니다만, 중관학파를 창시하고 『중론』을 지은 용수보살, 유식사상을 크게 발전시키고 『섭대승론』을 지은 무착보살, 『유식삼십송』을 저술하여 유식사상을 완성시킨 세친보살, 부처님의 전기인 『불소행찬』과 『대승기신론』을 지은 마명보살 등이 대표적인 보살입니다.

둘째는 전생을 포함해 성도하기 이전의 부처님을 말합니다.

대승불교에서 깨달음을 얻은 석가모니 부처님은 현생에서 6년간의 수행으로 부처님이 된 것이 아니라, 전생에서 수많은 공덕을 쌓아 현재의 부처님이 되었다는 불타관을 제시합니다. 부처님의 전생[보살]을 기록한 『**자타카(본생담)**』에는 부처님의 전생에서의 선행을 기록하고 있는데, 전생에서 수많은 공덕을 쌓던 부처님의 호칭이 바로 보살입니다. 보살로서의 부처님은 인간, 동물, 날짐승, 물고기 등으로 태어나 수많은 선행을 쌓는 수행을 거듭합니다. 이 보살 때의 행적 하나를 소개하겠습니다.

부처님이 토끼로 태어나 선행을 쌓은 이야기입니다. 그래서 **토끼 본생이야기**로 알려져 있습니다.

이 이야기는 부처님이 기원정사에 계실 때 말씀하신 것이다. 옛날 보살(부처님의 전생)은 토끼로 태어났다. 그 토끼는 원숭이, 여우, 수달이라는 친구와 함께 숲 속에서 살고 있었다. 토끼는 보살의 전생(轉生)이므로 보통의 동물과는 달리 지혜가 있었다. 그들은 낮에는 각각 먹이를 찾아 각각 다르게 행동하였지만, 밤에는 한곳에 모였다. 그때 토끼는 나쁜 짓, 교활한 짓을 해서는 안 되며, 또한 자신만을 위한 삶의 방식이 아닌 타인에 대해 배려하는 보시를 이야기하였다. 그리고 살아 있는 동안 도덕적인 삶을 살아야 한다는 수행 등의 이야기를 하였다.

어느 날 토끼는 세 친구와 함께 수행을 하였다. 그러다가 배가 고파서 먹이를 찾으려고 생각하였다. 토끼는 "오늘은 수행 중이므로 혼자서 먹이를 먹어서는 안 되고 누군가에게 일부를 주고서 먹어야 한다."고 친구에게 말했다. 그래서 수달은 강가에서 물고기를 잡았다. 여우는 밭에서 사람들이 먹다 남긴 고기와 치즈를 발견하였다. 원숭이는 나무에서 망고를 취하여 왔다.

토끼는 풀을 먹기 때문에 먹이를 저장할 필요가 없었다. 그런데 먹기 전에 보시를 해야 한다고 자신이 정하였기 때문에 커다란 고민이 생겼다. 왜냐하면 풀을 구걸하는 사람은 없기 때문이었다. 세 친구들의 먹이는 인간도 먹을 수 있는 것이므로 간단하게 보시가 가능하였다. 토끼는 자신이 위선적인 행위를 하고 있다는 생각이 들었다.

토끼는 '위선은 안 된다. 누군가 음식을 구걸하면 나의 신체를 바치자. 토끼고기를 먹고 싶어 하는 사람은 얼마든지 있지 않은가' 라고 생각하였다. 이것을 제석천이 보고 모두가 진심인지를 실험하기 위해 걸식하는 사람으로 변해 각 동물들에게 갔다. 여우, 수달, 원숭이는 자신의 먹이의 일부를 기쁘게 보시하였다. 제석천은 토끼에게도 가서 먹을 것을 구걸하였다. 그러자 토끼는 "누구도 흉내 낼 수 없는 보시를 하겠습니다. 장작을 가져 와서 불을 피우십시오." 하였다. 이윽고 불을 피우자 토끼는 몸에 붙어 있는 벌레를 떨쳐내기 위해 몸을 흔들었다. 그리고는 불속으로 뛰어들었다.(후략)　　　　　　　　　　　　(『자타카』 316)

이 전생이야기는 부처님의 전생인 토끼의 사신(捨身) 이야기로 널리 알려진 것입니다. 토끼는 평소에 자기가 말한 대로 실천하기 위해 다음과 같은 말을 남기고 불속으로 뛰어듭니다. "누구도 흉내 낼 수 없는 보시를 하겠습니다. 장작을 가져 와서 불을 피우십시오." 그리고 불을 피우자 토끼는 몸에 붙어 있는 벌레를 떨쳐내기 위해 몸을 흔들었습니다.

이처럼 토끼〔부처님〕 이야기에는 자신의 하나뿐인 신체를 보시하면서 타인의 생명, 즉 몸에 붙어 있는 벌레의 생명까지도 소중하게 생각하는 생명존중 사상이 내재해 있습니다. 이것은 타인에 대한 자비가 바로 타인을 위한 보시라는 것을 의미하기도 합니다. 다시 말해 자비의 실천이 바로 보시라고 할 수 있는 것입니다. 부처님께서는 전생의 이런 수많은 자비의 실천으로 현생에서 석가모니 부처님이 되었던 것입니다. 그런데 현장스님께서는 『대당서역기』에서 토끼 이야기를 다음과 같이 각색하여 전하고 있습니다.

옛날 어느 숲 속에 늑대·원숭이·토끼가 사이좋게 살고 있었다. 인드라 신이 세 동물의 마음을 시험해 보기 위해 노인의 모습으로 변하여 그곳에 나타났다. 인드라 신이 말했다. "모두들 건강합니까? 사이좋게 지내고 있습니까?" 동물들은 "사이좋게 지내고 있습니다."라고 대답하였다. 그러자 인드라 신은 말하였다.

"나는 당신들이 따뜻한 마음을 가졌다는 평판을 듣고 왔습니다. 지금 나는 배가 상당히 고픕니다. 무언가 먹을 것이 없습니까?"

세 동물들은 바로 음식을 찾으러 갔다. 늑대는 강에서 잉어를 잡아 왔고, 원숭이는 나무에서 과일을 따 왔다. 토끼만이 빈손으로 돌아왔다. 인드라 신이 말했다.

"당신의 마음은 아직 안정되지 않았습니다. 아직 수행이 부족합니다. 토끼만이 어떤 선물도 주지 않는군요."

그때 토끼가 말했다.

"모두 장작을 모아 주십시오. 나에게 좋은 생각이 있습니다."

늑대와 원숭이는 달려가서 마른 풀과 마른 나무를 가져 왔다. 토끼는 장작에 불을 붙이고 인드라 신에게 말했다.

"어르신! 나는 힘이 없어서 먹을 것을 드리지 못했습니다. 부디 나의 육체를 드십시오."

그리고는 바로 불속으로 뛰어들어 타 죽었다. 인드라 신은 본래의 모습으로 되돌아와 장작 속에 있는 토끼를 집어내어, 한숨을 쉬며 말했다.

"얼마나 착한 마음씨인가. 이것을 후세에 전하기 위해 토끼를 달에 남기자."

그 이후에 달에는 토끼가 살게 되었다고 한다.

이런 자타카나 인도 민간설화가 바탕이 되어 후대에 '과거7불' 사상도 등장하게 되었던 것입니다. 이렇듯 부처님의 전생 이름을 보살이라고 합니다.

셋째는 관음보살이나 지장보살, 문수보살, 미륵보살 등과 같은 부처님의 분신을 말합니다. 이런 보살은 현실의 고통에서 괴로워하고 있는 중생을 구제하는 분입니다.

넷째는 구도심을 가지고 수행하는 사람들을 말합니다.

대승불교에서는 모든 인간은 부처가 될 수 있다고 확신하여 깨달음을 구해서 노력하는 사람들을 모두 '보살(보디사트바)'이라고 부르게 되었습니다. 즉 구도자 일반을 가리키는 말이 되었습니다. 비록 보디사트바라는 말이 남성명사이지만, 깨달음을 위해 끊임없이 노력하는 구도자는 모두 보살이 될 수 있습니다. 따라서 오늘날 한국에서 여성 재가신자를 보살이라고 부르는 것은 문제가 없는 것입니다. 부처님을 믿고 그 가르침대로 살며, 깨달음을 구하는 모든 사람들이 보살이기 때문입니다.

하지만 진정한 보살이 되기는 쉽지 않습니다. 진정한 보살이 되기 위해서는 상구보리와 하화중생, 그리고 6바라밀을 실천해야 하기 때문입니다. 6바라밀은 모두 알고 있으므로 거론할 필요도 없겠지만, 노파심에서 간단히 설명하겠습니다.

6바라밀이란 자신의 재물이나 능력을 아낌없이 타인에게 베푸는 보시바라밀, 오계·팔재계·보살계를 계속해서 지키는 지계바라밀, 고난을 참고 분노를 일으키지 않는 인욕바라밀, 기쁨으로 수행 노력하는 정진바라밀, 바른 선정을 실천하여 마음을 집중하는 선정바라밀, 부처의 바른 가르침을 배워 진리〔진실〕를 보고 지혜를 얻는 반야바라밀을 말합니다. 그러므로 보살은 6바라밀을 실천할 때에 부처의 경지에 도달할 수 있습니다. 『반야심경』에서 말하는 반야바라밀다는 여섯 번째인 반야바라밀에 상응하는 것입니다.

3) 지혜의 완성은 지행합일로 획득할 수 있다

다음 경문으로 넘어갑니다.

행심반야바라밀다시 조견오온개공 도일체고액

行深般若波羅蜜多時 照見五蘊皆空 度一切苦厄

이 구절을 해석하면 "깊은 반야바라밀다를 실천할 때, 오온이 모두 공이라는 것을 조견하여 일체의 괴로움과 재앙에서 벗어났다."는 뜻입니다.

먼저 '행심'에 대해서 말씀드리겠습니다. '행'이란 '가다, 실천하다'라는 뜻이며, '심'은 '깊다'는 뜻입니다. 그리고 반야바라밀다는 지혜의 완성이라는 의미이고, 시(時)는 '때'라는 시간을 나타냅니다. 그래서 행심반야바라밀다시는 '깊고 깊은 지혜의 완성[도피안]을 실천할 때'라는 의미입니다. 여기서 구체적인 실천은 바로 6바라밀을 실천하는 것입니다. 그렇다면 관자재보살이 몸소 실천하여 구체적으로 무엇을 깨달았을까요? 바로 '오온'이 자성이 없다는 것, 즉 모든 것이 공하다는 것을 깨달았다는 것입니다. 그래서 관자재보살이 그 결과물로써 일체의 괴로움과 재앙을 벗어났다는 것입니다.

(1) 심오한 반야바라밀을 실천하다

이제 구체적으로 한 글자 한 글자의 의미에 대해서 살펴보겠습니다. 행이란 앞에서도 말씀드렸듯이 '가다, 실천하다'는 의미입니다.

인간은 일반적으로 이론을 좋아하는 사람〔아는 것〕과 행을 좋아하는 사람〔실천하는 것〕으로 구분할 수 있습니다만, 둘은 나눌 수 있는 것이 아닙니다. 실천 없는 지식은 분명하지 않아 불안정하며, 지식 없는 실천은 위험하기 때문입니다. 동서고금을 막론하고 모든 사상가나 종교 지도자들은 지와 행이 합일해야 그 빛을 발할 수 있다고 했습니다. 부처님도 지와 행의 합일을 중요하게 생각하였습니다. 그럼에도 불구하고 화두를 잡고 참선하는 사람들 중에는 지〔부처님의 가르침〕를 아주 무시하고 심지어 불입문자라는 말에 사로잡혀 지(知)는 필요 없다고 착각하는 분이 있는 것 같습니다.

부처님〔반야심경〕은 차안에서 피안으로 건너가는 방법을 우리에게 제시하고 있습니다. 차안의 세계를 건너 피안으로 건너가기 위해서는 반드시 뗏목이 필요합니다. 그 뗏목이 바로 부처님께서 우리들에게 남겨 주신 가르침인 지(知)와 그 지를 바탕으로 실천하라는 수행〔행〕입니다. 수행을 하기 위해서는 반드시 부처님이 말씀하신 가르침을 발판으로 하여 실천으로 나아가야 합니다. 다시 말해 지와 행이 합일되어야 피안의 세계로 갈 수 있다고 부처님은 말씀하고 계시는 것입니다.

용수보살도 **지목행족**(智目行足)으로 청량지(淸凉池)에 이른다'고 하였습니다. 청량지란 깨끗하고 서늘한 연못으로 번뇌를 벗어난 열반〔깨달음〕의 세계를 상징합니다. 이 열반의 세계에 도달하기 위해서는 '지목행족', 즉 지혜의 눈〔지목〕과 실천하는 다리〔행족〕를 겸비해야만 청량지〔깨달음〕에 도달할 수 있다는 것입니다. 다시 말해 지목〔눈(目)으로 안다(智)〕과 행족〔발(足)로 걷는다(行)〕이 겸비되어야 깨달음을 얻을 수 있다는 것입니다. 만약 우리들이 뗏목〔지와 행〕을 타고 피안의 세계로 건너가고 있다고 합시다. 그런데 우리들이 건너가고 있는 도중에 그 뗏목을 버리면 어떻게 되겠습니까? 바로 강물에 빠져 죽게 됩니다. 이처럼 지와 행을 겸비해야 열반의 세계로 갈 수 있습니다.

피안〔청량지〕에 이르는 방법은 여러 가지입니다. 다시 말해 '진리는 하나이지만, 그 길로 가는 방법은 여러 가지입니다.' 그 방법은 참선수행일 수도 있으며, 위빠사나수행일 수도 있으며, 아니면 절수행, 염불수행, 간경수행일 수도 있습니다. 그럼에도 불구하고 이런 불보살들의 가르침을 오도하여 마치 참선수행만이 부처님의 가르침이라고 주장하는 일부 몰지각한 사람은 불교를 좀먹는 벌레에 지나지 않는다고 필자는 생각합니다. 수행은 자신의 근기와 능력에 맞게 하면

되는 것입니다.

현재 한국 사회에서 가장 심각한 문제는 자기 생각, 자기 종교만이 옳다고 하고 다른 주장이나 종교는 인정하지 않는다는 것입니다. 다르다는 것과 그르다는 것은 분명한 차이가 있습니다. 자기와 다르다고 하여 그른 것으로 간주하여 다양성을 인정하지 않는 사고방식으로 인해 얼마나 많은 광란의 역사가 자행되었습니까! 특히 사회 지도자나 종교 지도자가 이런 편견을 가지고 있으면, 그 피해는 고스란히 국민이나 신자에게 돌아옵니다.

제발 처음 출가할 때의 마음가짐, 처음으로 부처님의 가르침을 듣고 환희를 느끼던 그 초심으로 돌아가 부처님 법대로 살았으면 합니다.

계속해서 경문의 '심'이란 '깊다'는 뜻으로 '얕다'의 반대 말입니다. 여기서 깊다는 것은 관자재보살이 체득한 반야의 깊은 지혜를 표현한 말입니다. 따라서 이것은 우리들 인간이 가지고 있는 얇은 지혜가 아니라 보다 심원[甚深微妙]한 지혜, 즉 '존재하는 모든 것은 공(空)'이라고 관찰한 진리의 지혜를 가리키는 말입니다.

⑵ 오온이 모두 공함을 확인하다

경문의 '조견(照見)'이란 사물을 있는 그대로 비추어 본다는 의미로, 사물을 확실하게 관찰하는 것을 말합니다. 그렇다면 누가 조견하였을까요? 바로 관자재보살이 오온이 공하다는 것을 조견했다는 말입니다.

계속해서 '오온개공(五蘊皆空)'이란 오온이 모두 공이라는 뜻입니다. 우선 오온이란 색·수·상·행·식의 '5개의 덩어리'라는 뜻으로 범어 판차 스칸다(pañca skandha)의 번역입니다. 현장스님은 판차 스칸다를 오온이라고 번역하였습니다만, 구마라집스님은 오음(五陰)이라고 하였습니다.

부처님께서는 일체의 모든 존재 내지 인간은 1개의 색〔물질〕과 4개의 정신작용〔수상행식〕으로 구성되었다고 보았습니다. 그렇다면 색은 무엇이고 수상행식은 무엇인지, 오온 하나하나에 대해 설명하겠습니다.

색(色)이란 빨강, 파랑, 노랑, 초록 등의 색깔이나 '저 사람은 색을 밝힌다' 등과 같은 성욕을 말하는 단순한 의미가 아닙니다. 이것은 넓게 말하면 물질, 좁게 말하면 우리들의 육체를 말합니다.

색은 범어 '루파(rūpa)'의 번역인데, 두 가지 의미가 있습니다. 하나는 '형체가 있는 것', 또 하나는 '파괴하는 것·변화하는 것'이라는 뜻입니다. 그래서 중국에서는 '질애(質礙)와 변괴(變壞)'로 변역하였습니다. 먼저 변괴란 변할 변(變), 무너질 괴(壞)이기 때문에, 물질은 끊임없이 변화하여 한 순간도 그대로 있는 것이 없다는 것입니다. 반면 질애란 바탕 질(質), 거리낄 애(礙)로 서로 방해한다는 뜻이기 때문에 물질이 동시에 똑같은 장소를 점유할 수 없다는 것입니다.

다시 말해 물질은 무상〔변화〕한 것이고, 또한 물질은 자기만의 고유한 공간을 가지고 있다는 것이 물질의 특징이라는 것입니다. 그러므로 인간의 육체도 변화하고 고유한 공간을 점유하는 존재임을 알 수 있습니다.

그렇다면 색〔물질〕은 어떻게 구성되었을까? 불교에서는 색(色)은 물질의 최소 단위인 극미(極微, 분리할 수 없는 최소의 단위〔원자〕)가 모여 만들어진 것으로 보았습니다. 그렇다면 어떻게 최소 원소인 극미에서 다양한 물질적 존재인 나무, 인간, 새 등이 만들어졌으며, 어떻게 물질은 각각 그 성질이 다른가라는 의문이 생깁니다.

극미는 사대(四大) 즉 견고성〔地性〕, 습윤성〔水性〕, 열성〔火

性〕, 유동성〔風性〕과, 사대로부터 만들어진 사대소조(四大所造, 색깔이나 형태·냄새·맛·감촉)의 결합에 의해 다양한 물질이 구성된다고 하였습니다. 예를 들어 땅과 나무는 사대를 모두 갖추고 있지만 그 중에 견고성을 가장 많이 가진 물질입니다. 물은 습윤성을 가장 많이 가진 물질이지만, 날씨가 추워 얼음이 되면 견고성을, 열성과 습윤성을 가장 많이 갖추면 끓는 물이 되고, 다시 운동성을 더 많이 갖추면 기체가 되어 증발해 버립니다. 이처럼 사대 중에서 어느 성질이 가장 두드러지게 나타나는가에 따라 물질의 성격이 결정됩니다. 따라서 극미는 물질의 양적인 최소단위이고 사대는 물질의 질적인 최소단위라고 할 것입니다.

다음은 정신작용인 **수**(受)에 대해 말씀드리겠습니다. 수는 12연기에도 등장하며, 유식사상에서 아뢰야식과 함께 작용하는 심소〔마음의 작용〕의 하나이기도 합니다. 수란 글자 그대로 받을 수(受)입니다.

그렇다면 무엇을 받아들인다는 것일까요? 바깥에 객관적으로 존재하는 여러 대상을 받아들인다는 것, 즉 감수한다는 것입니다. 그렇지만 수의 정신작용은 바깥의 대상에 관한 정보를 무턱대고 받아들이거나 객관적으로 사물이나 현상을 감수하는 것이 아닙니다. 우리들은 철저하게 자신의 주관적인 감정을 가지고 있습니다.

다시 말해 감각기관을 통하여 자신이 좋아하는 것, 싫어하는 것, 경험, 취미 등을 바탕으로 대상을 아주 주관적으로 받아들입니다. 우리들은 똑같은 여자를 보고 미인이라고 생각하는 사람도 있고, 그저 그렇다고 생각하는 사람도 있는 반면, 못생겼다고 생각하는 사람도 있습니다. 또는 똑같은 상황을 즐겁게 받아들이는 사람이 있고, 무덤덤하게 받아들이는 사람도 있으며, 기분 나쁘게 받아들이는 사람도 있습니다. 이런 정신작용이 바로 수의 역할입니다. 그래서 이때 인간 각자의 개성이 나타나는 것입니다.

유식사상에서는 수를 삼수(三受)와 오수(五受)로 분류합니다. 삼수는 '고〔괴로움〕· 낙〔즐거움〕· 고도 아니고 낙도 아닌 '사(捨)'입니다. 오수는 '고 · 낙 · '우(憂)' · '희(喜)' · 고락우희도 아닌 '사(捨)'입니다. 오수에서 고와 낙은 감각의 영역이고, 우와 희는 감정의 영역에 속한다고 할 것입니다. 그래서 영어로는 'feeling'이라고 번역합니다.

다음은 **상**(想)의 정신작용입니다. 이것은 글자 그대로 모습(相)을 마음〔心〕속으로 떠올리거나 그리는 작용입니다. 수라는 정신작용을 통해서 대상을 받아들이고 난 다음에 그것을 자신의 틀〔범주〕로써 정리하면서 이해하는 것을 상이라고 합니다. 서양철학의 용어를 빌리면 일종의 표상작용입니다. 표상작용이란 '현재 이 순간에 지각하지 않는 사물이나 현상에 대해 마음으로 묘사하는 상(像)'을 말합니다.

즉 감각기관을 통해 받아들인 대상의 모습을 기억하여 그리는 것, 즉 감각 재료〔센스 데이터〕를 이미지화하는 작용입니다. 그래서 상을 영어로 'perception'이라고 합니다.

그런데 대상의 모습을 이미지화하기 위해서는 반드시 언어가 개입합니다. 다시 말해 우리들은 '이것은 노란 장미이다' '저것은 빨간 장미이다'라고 바깥 대상을 개념화〔언어화〕하여 인식합니다. 이처럼 대상을 개념화하는 정신적 작용도 상의 역할입니다.

다음은 **행**(行)입니다. 행이란 간다는 의미입니다. 도대체 어디로 간다는 뜻일까요? 행이란 정신적 움직임이 일정한 방향으로 움직여 간다는 뜻입니다. 서양철학의 용어로 표현하면 일종의 '의지력(意志力)'입니다. 다시 말해 특정한 대상에

흥미를 품는 정신작용으로 기억, 추리, 상상의 정신작용입니다. 그래서 영어로는 'impulse' 라고 합니다.

다음은 **식**(識)입니다. 식이란 수에 의해 감수된 대상을 확실하게 식별하여 무엇인지 판단 사유하는 작용입니다.

식이란 범어 비쥬냐냐(vijñāna)를 번역한 것인데, 비쥬냐냐는 '쪼개다' 는 의미의 접두사 비(vi)에 '알다' 라는 동사어근 √쥬냐냐(jñā)로부터 파생된 것으로, '둘〔인식작용과 인식대상〕로 나누어〔분별〕 알다' 라는 뜻입니다. 즉 안식, 이식, 비식, 설식, 신식, 의식의 6가지 식〔인식작용〕이 색경, 성경, 향경, 미경, 촉경의 6가지 대상을 인식하는 움직임을 총괄하는 것입니다. 유식사상에서 말하는 제6의식에 해당됩니다. 그래서 영어로는 'consciousness' 라고 합니다.

그런데 오온은 연기적 존재입니다. 연기적 존재는 자성이 없기 때문에 무상이고 공입니다. 그러므로 연기적 존재인 오온〔물질인 색과 정신작용인 수·상·행·식〕은 모두 자성이 없는 공입니다. 그래서 『반야심경』에서는 '오온개공' 이라고 하였던 것입니다.

(3) 공은 연기의 다른 말이다

공이란 무(無)가 아니라 '빌 공(空)', 즉 비어 있다는 뜻입니다. 공은 범어 '슌냐(śūnya)'의 번역인데, 무엇인가 결여된 상태, 즉 '~이 없는 상태'를 말합니다. 예를 들면 공이란 방에 있던 의자나 책상이 '존재하지 않는다'는 뜻입니다. 숫자로 표현하면 제로(0)를 말합니다.

부처님께서는 모든 존재는 인연에 의해 끊임없이 서로 관계하면서 변화한다고 하였습니다. 비록 현상으로 존재하여도, 자성이 없는 연기적 존재로 파악하였습니다. 자성(自性)이란 '스와바바(svabhāva)'라는 범어의 번역으로 '사물의 본질(own-being)'이라는 의미입니다. 즉 자성이란 '다른 것에 의존하지 않고 항상 불변하는 성질을 가진 것'이라는 뜻입니다. 그래서 서양철학의 '실체'라는 개념과 유사합니다.

『반야심경』에서는 오온은 자성이 없기 때문에 공이라고 하였습니다. 그래서 오온이 모두 공이라는 말은 결국 '연기' 또는 '무자성'의 다른 말입니다. 그리고 '오온은 자성이 없다'는 말을 다른 말로 표현하면 모든 존재[사물]의 자성[실체]을 부정하는 '법무아(法無我)'입니다. 법무아는 대승불교에서 새롭게 주장한 것으로, 부파불교에서는 '인무아(人無

我)'만을 주장하였습니다.

필자는 대승불교와 기존 불교의 교리적 차이점은 법무아라고 생각합니다. 그리고 인무아와 법무아는 아공(我空)과 법공(法空), 또는 아집(我執)과 법집(法執)의 다른 말이기도 합니다.

그렇다면 아공과 법공을 체득하면 무엇이 얻어질까요? 『유식십삼송』의 주석서인 『성유식론』서두에서는 그 이유를 다음과 같이 밝히고 있습니다.

"지금 (내가) 이 논[성유식론]을 짓는 것은 〈아공과 법공〉의 두 개의 공[我空·法空]에 대해 잘못 이해하고, 잘못 알고 있는 자에게 바른 이해를 생기시키기 위해서이다. (이공二空의 본질을 증득하여 바른 이해를 생기시킨다는 것은 무엇 때문인가?) (바른) 이해를 생기시킨다는 것은 두 개의 무거운 장애[번뇌장과 소지장]를 끊게 하기 위해서이다. 아·법에 집착하기 때문에 두 개의 장애가 함께 생기한다. 만약 두 가지의 공을 증득한다면 저 장애도 따라서 단절한다. 장애를 단절한다는 것은 두 개의 뛰어난 과[보리와 열반]를 얻게 하기 위해서이다. 생을 계속하게 하는[윤회] 번뇌장을 단절시킴으로써 진정한 해탈[진해탈]을 깨닫는다. 지혜[解]를 방해하는 소지장을 단절함으로써 커다란 깨달음[대보리)을 얻는다."

즉 대승불교에서 아공과 법공을 주장하는 것은 번뇌장〔과
거의 업에 의해 선천적으로 생긴 번뇌〕과 소지장〔현생에 태어나
후천적으로 얻어진 번뇌〕을 없애서 우리들을 깨달음에로 인도
하기 위한 것이라고 분명하게 말하고 있습니다. 그래서 『반
야심경』에서도 끊임없이 오온개공을 주장하는 것입니다.

대승불교에서는 왜 이렇게 어려운 말로 공을 설명하는지
의문을 가진 독자분도 계실 겁니다. 여러분들이 알기 쉽게
내 자신은 어떻게 존재하는가를 예를 들어 설명드리겠습니
다. 현재 내 자신은 어떤 힘으로 구성되어 있는지 한번 살펴
봅시다.

아마도 독자들께서는 현대과학에서 주장하는 진화론을
받아들이는 분도 있을 것이며 거부하는 분도 있을 것이지만,
진화론적 입장에서 설명하겠습니다. 우선 내 자신이 존재하
기 위해서는 지구가 생기고 나서, 35억 년 전에 근원적인 생
명체가 있었을 것입니다. 그리고 이 생명체가 미생물에서 생
물 등으로 진화를 거듭하여 동물, 영장류, 원숭이, 인간, 원시
인으로 진화했을 것입니다. 그리고 한국인의 조상인 단군할

아버지에서 출발하여 고구려인 내지 신라인이 되었을 것입니다. 이 분들 중에 어느 한 분이 나의 조상이 되어 고조, 증조, 할아버지로 이어졌을 것입니다. 그리고 할아버지가 할머니를 만나 아버지를 낳았으며, 외할아버지 외할머니가 만나 어머니를 낳았습니다.

또한 어떤 인연으로 인하여 아버지와 어머니가 만나 사랑을 나누어 드디어 내가 생명을 갖게 되었습니다. 나는 어머니의 뱃속으로부터 태어나 부모의 교육과 학교 교육[선생님, 친구 등]을 받으며, 또한 주변 사람들[사회]의 도움에 의해 생존하고 있습니다.

그리고 주위 환경의 도움을 받았습니다. 우선 태초에 우주가 생겼고, 우주 안에 태양계, 태양계 안에 지구가 생겼습니다. 이 지구에는 나를 포함해 수많은 사물이 존재합니다. 그 사물들은 우주, 태양계, 지구의 도움으로 존재합니다. 또한 주변의 무수한 사물들의 도움으로 나 자신도 존재합니다. 예를 들어 목이 마르면 물을 마셔야 하고, 책을 보거나 수업을 받기 위해서는 책상과 의자의 도움을 받아야 하며, 잠을 자기 위해서는 집 · 침대 · 이불 · 베개 등의 도움을 받으며, 직장이나 볼일을 보기 위해서는 자동차 · 지하철 등의 도움, 글을 쓰기 위해서는 컴퓨터 등의 말할 수 없는 숱한 존재로부터 도움을 받아야 합니다.

게다가 나는 신장, 신경, 가슴, 근육, 뼈와 60조의 세포로 구성되어 있으며, 그들의 도움을 받아 살아갑니다. 이처럼 나는 다른 모든 것의 인연에 의지해서 존재합니다. 나는 단 1초도 다른 것의 도움 없이는 살아갈 수 없는 존재입니다. 그리고 내 주변에 있는 모든 사물은 인연─간접적인 원인〔多緣〕과 직접적인 원인〔一因〕─으로 구성되어 있으며, 다른 것의 도움을 받아 생존하고 존재합니다.

내 자신뿐만 아니라 모든 존재는 이처럼 다른 것의 인연에 의해 존재합니다. 다른 것에 의지하여 생존하는 이런 존재에 자성이 어디 있겠습니까? 나의 본질이라고 할 수 있는 것은 없습니다. 나는 연기적인 존재이고, 나라고 말할 수 있는 자성이 없습니다. 그래서 부처님께서는 연기적 존재는 공이고, 무자성이라고 하셨던 것입니다. 그리고 부처님은 우리들에게 공을 체득하여 괴로움이 가득한 차안의 세계에서 깨달음의 세계인 피안으로 가기를 원하셨던 것입니다.

그래서 용수보살은 『중론』에서 이것을 연기이고, 무자성이며, 공이며, 중도라고 표현하였습니다. 또한 『대지도론』에서는 "일체의 법을 관찰하면 인연으로부터 생기한다. 즉 자성이 없다. 자성이 없기 때문에 필경 공이다. 필경 공 그것이 반야바라밀[지혜의 완성]이다."라고 하였던 것입니다.

(4) 모든 고난과 재앙을 건너다

'도일체고액'이란 관자재보살이 반야바라밀다를 실천함으로써 오온개공을 조견하여 '일체의 괴로움과 재앙을 벗어났다'는 것입니다. 즉 차안의 세계에서 피안의 세계로 가셨다는 뜻입니다.

그렇다면 우리에게 괴로움[고액]은 왜 생기는 걸까요?

부처님께서는 인간[오온]이 '공'임에도 불구하고 그것을 모르고 자기의 자성이 있다고 집착하기 때문에 괴로움이 생긴다고 합니다. 그래서 '일체(一切)의 고뇌[苦]와 재앙[厄]을 건넜다[度]'는 의미는 정신적인 괴로움과 고뇌가 없어졌다는 것뿐만 아니라, 가령 있다고 해도 그것에 사로잡히지 않고 벗어났다는 것입니다. 다시 말해 오온이 모두 자성이 없다는 것[공]을 조견하였을 때 일체의 괴로움과 재앙으로부터 벗어났다는 것입니다.

그런데 이 경문은 조금 문제가 있습니다. 왜냐하면 현장스님 한역과 구마라집스님 한역에는 있습니다만, 대본의 한역본인 법월·반야·지혜륜·법성 역, 티베트 역에는 없는 경문이기 때문입니다. 게다가 소본과 대본의 범어 원본에도 대응하는 구절이 없습니다.

그렇다면 구마라집스님과 현장스님이 원전에도 없는 부처님 말씀을 임의로 삽입한 것일까요?

구마라집스님은 원문을 충실하게 번역하기보다는 의미 전달을 중시하여 의역을 즐기셨기 때문에 임의로 삽입했을 가능성이 있습니다. 그렇지만 원어에 충실한 번역자로 알려진 현장스님이 원어에도 없는 것을 임의적으로 삽입했다는 것을 생각하기는 어렵습니다. 그런데 현장스님이 원어에 있는 '성(聖)'이나 '자성(自性)' '사리자' '여기에(iha)' 등을 생략하는 것을 보면 임의로 삽입할 가능성도 충분히 있다고 할 것입니다. 어쩌면 처음부터 '도일체고액'이라는 경문이 있었던 『반야심경』 원본이 존재했는지 모릅니다.

여기서 한 가지 덧붙이고자 합니다. 후대 중국의 『반야심경』 주석가들은 『반야심경』 경문을 4단락〔사분〕으로 나누어 설명합니다.

즉 '관자재보살'에서 '도일체고액'까지를 입의분(入義分)

이라고 합니다. 입의분은 『반야심경』의 전체 내용을 밝히는 부분으로, 관자재보살이 오온이 공이라는 것을 조견하여 모든 고뇌를 건넜다는 내용입니다.

그리고 '사리자여! 색불이공 공불이색'에서 '이무소득고'까지를 파사분(破邪分)이라고 합니다. 파사분이란 잘못된 것을 깨부순다는 의미로 공의 입장에서 오온, 12처, 18계, 연기, 사성제를 부정하는 내용입니다.

'보리살타'에서 '아뇩다라삼먁삼보리'까지를 공능분(功能分)이라고 합니다. 공능분이란 모든 것이 공이라고 체득하는 것을 무상정등각〔아뇩다라삼먁삼보리〕이라고 합니다.

'고지반야바라밀다'에서 '주문〔진언〕'까지를 총결분(總結分)이라고 합니다. 총결분은 『반야심경』 전체 내용의 결론 부분입니다.

그래서 필자도 주석가들의 주석에 따라 『반야심경』을 사분으로 나누어 설명하고자 합니다. 이제 입의분의 설명을 마치고 파사분의 설명으로 들어가겠습니다.

존재하는 모든 것은 공하다

舍利子 色不異空 空不異色 色卽是空 空卽是色 受想
行識亦復如是 舍利子 是諸法空相 不生不滅 不垢不
淨 不增不減 是故空中 無色 無受想行識 無眼耳鼻舌
身意 無色聲香味觸法 無眼界 乃至 無意識界 無無明
亦無無明盡 乃至無老死 亦無老死盡 無苦集滅道 無
智亦無得 以無所得故

사리자여! 색은 공과 다르지 않고, 공은 색과 다르지 않
다. 색이 곧 공이요, 공이 곧 색이다. 수상행식도 또한 이
와 같다.

사리자여! 제법(존재하는 모든 것)은 자성이 없기(공) 때

문에 생겨나지도 소멸하지도, 더러움도 깨끗함도, 증가 하지도 줄어들지도 않는다. 그러므로 공에는 색·수· 상·행·식〔오온〕도 없고, 안·이·비·설·신·의〔육근〕 도 없고, 색·성·향·미·촉·법〔육경〕도 없고, 안계도 없고 내지 의식계〔육식〕도 없다. 무명도 없고 또한 무명 이 다함도 없다. 내지 늙음도 죽음도 없다. 또한 늙음과 죽음이 다함도 없다. 고집멸도도 없고 지(智)도 없고 또 한 얻음도 없다. 얻어지는 것이 없기 때문이다.

1. 지혜가 가장 뛰어난 제자 사리자

다음 경문으로 넘어갑니다.

사리자 색불이공 공불이색 색즉시공 공즉시색 수상행식
역부여시
舍利子 色不異空 空不異色 色卽是空 空卽是色 受想行識
亦復如是

이 구절을 해석하면 "사리자여! 색은 공과 다르지 않고, 공은 색과 다르지 않다. 색이 곧 공이요, 공이 곧 색이다. 수상행식도 또한 이와 같다."라는 뜻입니다.

먼저 부처님인지 관자재보살인지 잘 모르겠습니다만, 하여튼 어느 분이 사리자여! 라고 부처님께서 지혜가 가장 뛰어난 제자인 사리자의 이름을 부릅니다. 그렇지만 대본에는 관자재보살이 사리자에게 가르침을 설하는 것으로 되어 있기 때문에, 관자재보살이 사리자를 부른 것 같습니다. 그리고 관자재보살은 사리자에게 "색은 공과 다르지 않고, 공은 색과 다르지 않다. 색이 곧 공이요, 공이 곧 색이다. 수상행식도 또한 이와 같다."라고 가르칩니다.

우선 관자재보살이 가르침을 설한 사리자에 대해 알아봅시다. 그 당시 사리자와 같은 수많은 부처님의 제자가 있었습니다. 『법화경』에서는 제자의 수를 12,500명으로 기록하는 예외적인 경우도 있습니다만, 대부분의 경전에서는 1,250명의 제자가 등장합니다. 그중에 아주 뛰어난 10명의 제자가 있는데, 그들을 '십대제자' 라고 합니다. 사리자는 그 십대제자 중의 한 사람입니다.

십대제자는 지혜제일 사리자, 신통제일 목련〔목건련〕, 두

타제일 가섭〔마하가섭〕, 해공제일 수보리〔수부티〕, 설법제일 부루나, 논의제일 가전연, 천안제일 아나율, 계율제일 우팔리 〔우바리〕, 다문제일 아난〔아난다〕, 밀행제일 라훌라입니다.

그들은 각자 특기가 있었는데, 사리자는 지혜가 가장 뛰어나다고 해서 '지혜제일'이라고 합니다. 사리자라는 이름은 현장스님의 번역이며, 범어로는 '샤리푸트라(Śāriputra)', 팔리어로는 사리풋타(sāriputta)입니다. 아마도 그의 어머니 이름이 '샤리(Śārī)'이고, 그녀의 아들(putra)이라는 의미에서 샤리푸트라라는 이름이 붙여진 것 같습니다. 그리고 '샤리푸트라(Śārī-putra)'를 '독수리의 아들'이라는 의미로 해석하여 취자(鷲子)라고도 합니다. 구마라집스님은 『법화경(묘법연화경)』, 『유마경』, 『반야심경』에서 사리불이라고 하였습니다. 또한 음사하여 사리부다라(奢利富多羅), 사리보달라(奢利補怛羅)라고도 합니다.

사리자에게는 죽마고우가 있었는데, 바로 신통제일 목건련입니다. 목건련은 『우란분경』에 등장하는 목련존자와 동일 인물입니다. 그들은 처음에 육사외도 중의 한 사람인 산자야(saṃjāya)의 제자였다고 합니다. 후에 둘은 5비구 중의 한 명이었던 앗사지〔마승〕에게 감화 받아 산자야의 제자 250

명과 함께 부처님의 제자가 되었다고 합니다. 부처님의 제자가 된 둘은 불교교단의 중심인물로 활동하였지만, 부처님보다 먼저 입멸하게 됩니다.

두 사람의 입멸은 마가다국을 중심으로 한 북인도 일대에서 발전을 하고 있던 불교교단으로서는 커다란 손실이었습니다. 부처님께서도 두 명의 사랑하는 제자를 잃은 후, 두 제자의 높은 덕을 찬탄하며 "두 사람이 없는 교단은 쓸쓸하다."(『상응부 경전』)라고 하여 가장 신뢰하는 제자를 잃은 심정을 토로하고 있습니다.

그러나 교단 내에서 누구보다도 사리자의 죽음을 슬퍼한 사람은 부처님의 사촌동생이자 다문제일이라고 칭송받던 아난존자였습니다. "사리자는 위대한 지혜를 가진 사람이다. 사리자는 광대한 지혜를 가진 사람이다."라고 말하고 있는 것처럼, 아난존자가 사리자를 찬사하는 말은 경전의 여러 곳에서 볼 수가 있습니다. 아난존자는 사리자가 입멸하였다는 소식을 듣고 출가자 신분임에도 불구하고 사리자에 대한 흠모와 슬픔의 심정을 부처님께 고백하면서 대성통곡합니다. 그때 부처님께서는 슬퍼하는 아난존자에게 다음과 같이 **자등명 법등명**'의 아주 유명한 가르침을 설합니다.

"아난다여! 내가 이전부터 가르치지 않았던가. 모든 사랑스러운 것과 기쁜 것은 언젠가는 떠나고, 잃어버리고, 변할 때가 온다. 아난다여! 태어나고 생기하여 부서지는 것을 부서지지 않게 하는 것, 그것이 어떻게 가능한가? 그것은 이치에 맞지 않다.

아난다여! 대목(大木)이 아무리 단단하여도, 그 큰 가지는 언젠가는 소멸한다. 그것과 같이 대비구 집단이 아무리 튼튼하여도 사리자는 죽었다. 아난다여! 태어나고 생기하여 부서지는 것을 부서지지 않게 하는 것, 그것이 어떻게 가능한가? 그것은 이치에 맞지 않다.

자기를 등불로 하고, 자기를 의지처로 하여, 타인을 의지처로 하지 말라. 법〔진리〕을 등불로 하고, 법을 의지처로 하여, 그것 이외의 것을 의지처로 하지 말라.(자등명 법등명) 내가 죽은 후에도 마찬가지다."

『대반열반경』

아마도 사리자가 부처님보다 먼저 열반에 들지 않고 생존해 있었다면 불교교단은 자연스럽게 사리자가 계승하였을 것입니다.

그런데 대승경전을 대표하는 경전 가운데 하나인 『유마경』에서의 사리자는 이와는 조금 다른 존재로 등장합니다. 『유마경』은 바이살리의 장자 유마거사가 대승의 공관을 체득한 거사로 등장합니다. 물론 유마거사는 부처님의 화신입니다. 반면 사리자는 아라한의 대표로서 등장하기는 하지만 매우 천박한 사람으로 심한 조롱을 받습니다. 아마도 대승불교 입장에서는 소승불교의 대표적 아라한인 사리자를 조롱함으로써 소승불교를 폄하하고자 하는 의도가 있었을까요? 그렇지만 『유마경』에서도 사리자는 비록 조롱의 대상이었지만 교단의 중심인물이었다는 것은 부정하지 않습니다. 하여튼 사리자가 불교교단을 대표하는 인물이었다는 것은 분명합니다.

2. 모든 존재의 진실한 모습은 공하다

앞 경문에서 관자재보살이 '오온개공을 조견하여 괴로움과 재앙을 건넜다'는 구절이 있었습니다만, 이제 관자재보살은 본격적으로 오온이 공이라는 것을 설명합니다. 바로 "색불이공 공불이색 색즉시공 공즉시색 수상행식 역부여시"입니다.

1) 색불이공 공불이색

오온을 설명할 때 이미 언급했습니다만, 색이라는 말은 일반적으로 물질, 좁은 의미로는 우리들의 육체를 뜻합니다. 물질이나 육체는 고유한 공간을 가진 존재이기는 하지만, 인연에 의해 만들어진 것이기 때문에 변화하는 존재입니다. 다시 말해 다른 것에 의존하며 항상 변하는 성질을 가진 것, 즉 자성이 없다는 것입니다. 이런 존재인 물질은 공합니다. 그래서 물질은 공과 다르지 않다〔색불이공〕고 부처님은 말씀하신 것입니다. 다른 말로 표현하면 눈에 보이는 현상〔색〕에는 실체가 없다〔자성공〕는 의미입니다.

이 경문은 천태대사 지의(智顗)가 말한 '공가중(空假中)의 **삼제**(三諦)' 중에 공제(空諦)에 해당되는 것입니다. 물질적 존재를 우리들은 현상으로 파악하지만, 현상은 무수한 원인과 조건에 의하여 끊임없이 변화하고 있기 때문에 변화하지 않는 실체는 없다는 의미입니다.

색불이공을 우리들의 세상살이에 비유해 보겠습니다. 서

로 죽도록 사랑하는 사람이 있다고 합시다. 그러나 언제까지나 그 사람이 자신의 곁에 있다는 보장은 없습니다. 비록 서로 사랑한다 하더라도 원인과 조건이 변하면 상대나 아니면 자신이 떠나갈 수 있고 또한 사랑이 미움으로 변할 수도 있습니다. 이처럼 세상에 존재하는 것은 시시각각으로 변화해 갑니다. 이것을 『반야심경』에서는 '색불이공'으로 표현한 것입니다.

그리고 '공불이색'이란 이 세상에 존재하는 것은 실체가 없다고는 하지만, 우리들은 눈에 보이는 현상을 통해서만 그 실체가 보이지 않는다는 것을 알 수 있기 때문에, 현상은 불변하는 것이라고 가정하여 생각할 수밖에 없습니다. 이것은 천태대사가 설명한 '가제(假諦)'에 해당되는 것으로 눈에 보이는 현상을 임시적〔가설적〕으로 있다고 생각하는 견해입니다.

그래서 색불이공 공불이색을 다른 말로 표현하면 **제법실상(諸法實相) 진공묘유(眞空妙有)**입니다. 진리의 본체는 공이지만, 그 작용은 오묘한 현상으로 존재한다는 것입니다. 다시 말해 공에도 유에도 기대지 않는다는 것입니다. 그러므로 진공과 묘유는 별개의 것이 아닙니다. 이른바 존재하는 모든 것은 인연〔갖가지의 조건〕에 의존한 것이기 때문에 자성이 없

습니다. 즉 공한 존재입니다. 동시에 그것은 임시적인 존재
〔유〕로서 현실세계에서는 그 존재성을 인정할 수밖에 없다는
것입니다. 이것을『반야심경』에서는 색불이공 공불이색이라
고 하였으며, 현수대사 법장스님은 제법의 실상은 진공묘유
라고 표현한 것입니다. 그리고 진공묘유를 또 다르게 표현하
면 바로 색즉시공 공즉시색입니다.

2) 색즉시공 공즉시색

'색즉시공 공즉시색'이란 눈에 보이는 현상〔색〕그 자체에
는 실체가 없고〔공〕, 실체가 없는 것〔공〕이 바로 눈에 보이는
현상〔색〕그 자체라는 의미입니다. 따라서 둘〔공과 색〕은 다
른 것이 아닙니다. 천태대사 지의가 설명한 **'중제**(中諦)'에
해당됩니다.

현수대사 법장스님은『심경약소』에서 '색즉시공을 보고
대지(大智)를 이루어 생사에 머물지 않고, 공즉시색을 보고
대비(大悲)를 이루어 열반에 머물지 않는다'고 설명하고 있
지만, 눈에 보이는 현상이나 실체가 없는 것, 그 어느 쪽에도
사로잡히지 않고 그 양자를 근거로 하여 모든 존재를 있는

그대로 보는 불안(佛眼)을 갖추어야 한다는 것입니다. 다시 말해 모든 존재〔색수상행식〕와 법은 독립된 실체나 보편적인 본질이 없다는 것〔색불이공〕입니다. 이것을 용수는 절대적 진리인 승의제라고 하였습니다. 그러나 일상적인 차원〔세속제〕에서는 실체나 본질이 없는 모든 존재가 인과관계로서 서로 의존하여 나타납니다〔공불이색〕. 이것을 용수는 세속적인 진리〔세속제〕라고 하였습니다.

한편 승의제〔절대적 진리〕와 세속제〔상대적 진리〕의 이제설을 이어받아 유식사상에서는 삼성설〔三性說〕로 독자적으로 발전시킵니다. 먼저 삼성의 글자적인 의미부터 설명하면, 삼성은 범어 '트리 스와바와(tri-svabhāva)'의 한역입니다. '트리(tri)'란 숫자 3을, '스와(sva)'란 스스로〔自〕, '바와(bhāva)'는 존재〔性〕의 의미입니다. 그래서 삼성 또는 삼자성(三自性)이라고 합니다. 삼성설이란 넓게 말하면 사물의 존재양태, 유식사상에 국한시키면 마음의 존재 상태를 변계소집성, 의타기성, 원성실성의 3종류로 분석한 것을 말합니다.

먼저 **변계소집성**(遍計所執性)의 문자적인 의미부터 설명하겠습니다. 변계소집성은 범어 '파리칼피타 스와바와(parikalpita-svabhāva)'의 번역입니다. 그 중에 '파리칼피타

(parikalpita)'는 동사 파리(pari)-크리프(√klp)에서 유래된 사역 활용의 과거분사로 '파리-칼파(pari-kalpa)'에서 나온 말입니다. 직역하면 pari(두루), kalpita(분별된 것)의 의미입니다. 현장스님은 '칼피타(kalpita)'를 계탁(計度)의 의미에 가까운 계소집(計所執)으로, '스와바와(svabhāva)'을 성(性) 내지 자성(自性)으로 번역하였습니다.

일반적으로 자성이란 자기의 본질(본성)을 의미합니다. 그래서 변계소집성이란 '두루 사유 분별된 것을 본성으로 하는 것'이라는 의미입니다. 철학적으로 설명하자면 '관념에 의해 구축된 가설적 존재'를 뜻합니다. 변계소집성은 주로 언어〔여기서 언어라는 것은 언어를 통해서 구성(구상)된 것을 말합니다. 언어 그 자체가 변계소집을 의미하는 것은 아닙니다〕와의 관계 속에서 설명합니다.

우선 분별의 의미부터 살펴보겠습니다. 분별이란 '어떤 대상을 다른 것과 확실하게 구별하는 마음의 작용'입니다. 그런데 어떤 대상을 구별한다는 것은 언어가 반드시 개입합니다. 예를 들어 누군가가 자동차를 가리키며 "소리가 시끄럽네."라고 말하면 듣는 사람들은 "자동차 엔진 소리구나."라고 다른 소리와 구별하여 인식합니다. 즉 언어를 사용하여 사물을 구별한다는 것입니다. 따라서 사물을 구별하기 위해 이름 붙인 것은 모두 실체가 아니고 가명(假名)입니다. 특히 '계소집(計所執)'은 언어적 인식에 관여하고 개념화된 것을 실체화하려는 작용이 수반된 것입니다. 그러므로 '변계소집성'은 분별된 것(parikalpa)을 본성으로 하는 것이고, 그 자체로서는 일체 존재하지 않으며, 일종의 주관 내에 구성(구상)된 것이라 할 수 있습니다. 즉 존재론적으로는 어떠한 의미도 존재하지 않는 것입니다.

그렇다면 이러한 언어적 개념은 어디서 비롯된 것일까요? 유식학파에 따르면 아뢰야식에 저장된 종자〔행위한 결과〕에서 비롯된다고 합니다. 그리고 종자는 언어적 개념의 종자인 명언종자〔등류습기〕와 업종자〔이숙습기〕로 나눕니다. 전자가 세계의 인식을 가능하게 하는 종자라면, 후자는 각각의 유정이 태어나는 세계를 결정짓는 종자라고 할 수 있습니다. 다시 말해 명언종자는 언어를 사용한 업에 의해 훈습된 종자이고, 업종자는 선악의 업에 의해 훈습된 종자를 말합니다. 그러나 궁극적으로는 업종자도 언어적 개념의 종자에 포함됩니다.

다음은 **의타기성**(依他起性)입니다. 의타기성이란 범어로

'파라탄트라 스와바와(paratantra-svabhāva)'라고 합니다. 그중에 '파라탄트라(paratantra)'란 모든 것은 '다른 것(para)에 의지한다(tantra)'는 의미입니다. 그래서 의타기성이란 '다른 것에 의지하는 것을 본성으로 하는 것'으로, 다른 것에 의지하기 때문에 스스로 그 존재를 성립시킬 수 없는 것입니다. 그 스스로 존재하지 않고 다른 것에 의지한다는 것은 다시 말해 자기의 본질이라고 할 수 있는 것이 없다는 것이고, 이른바 존재하는 모든 것은 다른 것에 의존해서 생기한다는 연기적인 존재라는 것입니다. 연기적이기 때문에 모든 것은 자기의 본질이 없는 무자성이고, 연기나 무자성을 다른 말로 표현하면 공(空)이라고 합니다.

다음은 **원성실성**(圓成實性)입니다. 원성실성은 범어로 '파리니스판나 스와바와(pariniṣpanna-svabhāva)'라고 합니다. '파리-니스판나(pari-niṣpanna)'라는 것은 '이미 완전하게 완성된 것'이라는 의미입니다. 따라서 이것은 이미 불변(不變)이고, 줄어들지도 늘어나지도 않는 것입니다. 그런데 현상계는 연기적인 존재이므로 이곳에서의 불변의 본성은 무자성·공입니다. 이 현상 그 자체의 불변의 본성을 법성(法性)·진여(眞如)라고 합니다. 이것을 또한 원성실성이라고 합니다.

이상의 관점을 요약하면 삼성은 세계 내에 존재하는 갖가지의 존재 형태를 분석한 존재론이라고도 말할 수 있습니다. 즉 변계소집성은 언어에 그 존재기반을 두고 있고, 의타기성은 연기적 존재이며, 원성실성은 그 연기적 존재의 본성을 말합니다. 다시 말해 의타기성의 현실이 진실의 원성실성이라고 할 수는 없지만, 의타기성을 떠나 원성실성이 존재하는 것은 아닙니다. 삼성을 관계론적으로 설명하면, 의타기성의 분별을 실재하는 것이라고 집착하는 것이 변계소집성이고, 그 같은 분별이 제거된 것이 원성실성이라는 것입니다. 이 3개의 범주〔삼성〕를 세우는 것은 유식학파의 독자적인 사상이라고 할 수 있습니다.

앞에서도 언급했습니다만, 용수보살이 창시한 중관학파는 이제(二諦), 즉 승의제와 세속제를 설하면서, 언어〔遍計所執性〕와 현상계〔依他起性〕를 구별하지 않았습니다. 중관학파는 변계소집성과 의타기성을 세속제 속에 일괄적으로 처리하려는 경향이 엿보입니다. 따라서 삼성설은 유식사상의 독창적인 것이라고 할 것입니다.

사족이 길었습니다만, 여기서 경문 중의 '불이(不異)'와 '즉시(卽是)'에 대한 설명을 덧붙이고자 합니다. '색불이공 공불이색' 중의 불이는 색과 공은 '다르지 않다'라는 의미입니다. 다시 말해 같다고 말할 수 없고, 그렇다고 다르다고 말할 수도 없다는 것입니다. 예를 들어 물은 영하로 내려가면 얼음이 됩니다. 물은 액체, 얼음은 고체이기 때문에 다릅니다. 그렇지만, 다시 얼음이 녹으면 물이 됩니다. 그렇다면 물과 얼음은 같을까요, 다를까요? 물과 얼음은 같지도 않고 다르지도 않습니다. 이런 관계를 불교에서는 '불이'라고 합니다. 이것은 우리들이 살고 있는 현상세계에서 바라보았을 때의 관점입니다. 반면 '즉시'는 같다(동일하다)는 의미입니다. 다시 말해 공의 입장에서 보면 공과 색은 같다(즉시)는 것입니다.

선종에서는 '생사 즉 열반', '중생 즉 부처'라는 표현을 자주 합니다. 독자들께서는 괴로움이 가득한 생사가 어찌하여 깨달음의 세계인 열반이고, 중생이 어떻게 부처가 되는지 의문을 가진 적이 없습니까? '중생 즉 부처'라는 것은 깨달음의 세계에서 보면 그렇다는 것입니다.

다시 말해 부처님의 세계에서 보면 '중생 즉 부처'라는 것입니다. 그러므로 '색즉시공 공즉시색'이라는 것은 공의 입장에서 보면 그렇다는 것입니다. 물론 불이와 즉시는 동일한 의미라고 파악하고 계시는 분이 많다고 생각합니다만, 현장스님은 동일한 표현을 굳이 몇 번이고 반복하지 않았을 것입니다.

그런데 그 경문(색불이공 공불이색 색즉시공 공즉시색)에 대한 현장스님의 번역과 범어 원본은 다소 차이가 있습니다. 조금 어려운 범어 경문이 등장합니다만, 인내심을 가지고 읽어 주시면 고맙겠습니다. 현장스님은 '색불이공 공불이색' 및 '색즉시공 공즉시공'의 2단계로 나누어 설명하고 있습니다. 그런데 중인도 마가다국 출신의 법월스님이 번역한 대본 『보편지장반야바라밀다심경』에는 3단계로 나누고 있습니다.

(1) 색성시공 공성시색(色性是空 空性是色)

(2) 색불이공 공불이색(色不異空 空不異色)

(3) 색즉시공 공즉시색(色卽是空 空卽是色)

또한 당나라 시대의 지혜륜이 번역한 대본 『반야바라밀다심경』에서도 다음과 같이 3단계로 나누어 설명하고 있습니다.

(1) 색공공성시색(色空空性是色)

(2) 색불이공 공불이색(色不異空 空不異色)

(3) 색즉시공 공즉시색(色卽是空 空卽是色)

게다가 범본 소본을 보면 다음과 같습니다.

(1) 루팜 슌냐타, 슌냐타 에바 루팜(rūpaṃ śūnyatā, śūnyatāiva
rūpaṃ.)

(2) 루판 나 프리타크 슌냐타, 슌냐타야 나 프리타그 루팜
(rūpān na pṛthak śūnyatā, śūnyatāyā na pṛthag rūpaṃ.)

(3) 야드 루팜 사 슌냐타, 야 슌냐타 타드 루팜(yad rūpaṃ sā
śūnyatā, yā śūnyatā tad rūpam.)

이처럼 소본 범본과 대본 법월 역, 대본 지혜륜 역에는 이
경문을 3단계로 나누고 있습니다. 따라서 현장스님은 첫 번
째 단계인 '루팜 슌냐타, 슌냐타 에바 루팜(rūpaṃ śūnyatā,
śūnyatāiva rūpaṃ, 색은 공성이고 공성이야말로 색이다)' 이라는
구절을 의도적으로 생략했다고 추측됩니다.

이처럼 현장스님은 '루팜 슌냐타 슌냐타 에바 루팜' 이라

는 구절을 번역하지 않았습니다. 대본 지혜륜의 번역을 참조하여 이 구절을 한역해 보면, '색공공성시색(色空空性是色)'이라고 할 수 있을 것입니다. 따라서 소본 범본을 참조하여 구분하면 다음과 같습니다.

1단계는 '색공공성시색(色空空性是色, rūpaṃ śūnyatā, śūnyatāiva rūpaṃ, 색은 공〈성〉이고 공〈성〉이야말로 색이다)'

2단계는 '색불이공 공불이색(色不異空 空不異色, rūpān na pṛthak śūnyatā, śūnyatāyā na pṛthag rūpaṃ, 색은 공〈성〉과 다르지 않고 공〈성〉은 색과 다르지 않다)'

3단계는 '색즉시공 공즉시색(色卽是空 空卽是色, yad rūpaṃ sā śūnyatā, yā śūnyatā tad rūpam, 색 그것은 공〈성〉이고 공〈성〉 그것은 색이다)'(『般若心經 金剛般若經』, 中村 元·紀野一義譯註)

그리고 막스 뮐러도 다음과 같이 3단계로 구분하여 영역하고 있습니다.

form here is emptiness and emptiness indeed is form,
Emptiness is not different from form, form is not different

from emptiness, what is that is emptiness, what is emptiness
that is form

그런데 위에서 필자는 공과 공성이라는 말을 혼용해서 사
용했습니다. 그러나 공(śūnya)은 형용사로 술어나 한정적 기
능을 가진 단어이며, 공성(śūnyatā)은 독립된 형태로 '공한 상
태'를 의미합니다. 현장스님의 번역에는 이런 공과 공성의
차이를 분명하게 드러내지 않고 있습니다.

구마라집스님과는 달리 철저하게 원본에 충실하게 직역
을 즐기시던 현장스님이 무엇 때문에 원본과 다르게 번역하
였을까 하는 의문이 필자의 머리를 떠나지 않습니다. 아마도
현장스님은 동일한 반복이라고 생각하여 생략했다고 추측되
지만, 정확한 이유를 현재로서는 알 수 없습니다.

그런데 필자는 『반야심경』의 이 구절〔색불이공 공불이색 색
즉시공 공즉시색〕을 독송할 때마다 『**유마경**』에 등장하는 사
리자〔사리불〕와 천녀(天女)의 대화가 떠오릅니다. 두 사람의
대화는 '공'을 비유적으로 너무나 잘 설명했기 때문입니다.
내용이 조금 길지만 인용해 보겠습니다.

유마거사의 집에 한 천녀가 있었다. 보살들의 설법을 듣고 기쁨에 충만하여 자신의 실제 모습을 나타내어 하늘 꽃으로 여러 보살과 성문제자들에게 뿌렸다. 그러자 보살들에게 뿌린 하늘 꽃은 땅에 떨어졌지만, 성문제자들에게 뿌린 꽃은 몸에 붙어 떨어지지 않았다. 성문제자들이 신통력으로 그 꽃을 떨어뜨리려고 했지만, 좀처럼 떨어지지 않았다.

　　그러자 천녀가 사리불에게 물었다.

　　"대덕이여! 이 꽃을 왜 떨어뜨리려고 하십니까?"

　　사리불은 대답한다.

　　"천녀여! 꽃으로 장식하는 것은 출가자에게 어울리지 않는다. 그래서 떨어뜨리려고 한다."

　　천녀가 말하였다.

　　"대덕이여! 그렇지 않습니다. 이 꽃은 법과 견주어지는 것입니다. 왜냐하면 꽃은 생각하거나 분별하지 않습니다만, 사리불 장로께서는 생각하고 분별하기 때문입니다. 대덕이여! 출가하여 법과 율을 지키면서 사고〔알음알이〕하고 분별한다면 법과 어울리지 않습니다. 예를 들어 두려움이 있는 사람은 그 틈을 귀신〔악령〕이 노립니다. 이처럼 생사윤회의 두려움에 떠는 사람은 색, 성, 향, 미, 촉의 오욕이 틈을 내어 들어옵니다. 애착에 의해 훈습된 것을 아직 끊지 못한 사람은 꽃이 몸에 붙습니다만, 훈습을 끊은 보살의 몸에는 꽃이 붙지 않습니다. 대덕이여! 사고나 분별을 떠나 있으면 보살의 몸에 꽃이 붙지 않습니다." 〈중략〉

다시 사리불이 물었다.

"천녀여! 탐욕[탐], 분노[진], 어리석음[치]을 떠나야만 해탈이 있는 것이 아닌가?"

천녀가 대답하였다.

"탐욕, 분노, 어리석음을 떠나서 해탈한다는 것은 만심이 있는 자에게 설한 것입니다. 만심이 없는 자에게는 탐욕, 분노, 어리석음의 본성이 바로 해탈입니다." 〈후략〉

3) 수상행식 역부여시

'수상행식도 또한 이와 같다[受想行識亦復如是]'라는 이 구절은 생략된 형태입니다. 『반야심경』은 불과 260자로 이루어진 아주 짧은 경전입니다. 따라서 가능한 한 생략해도 되는 부분은 생략하고 있습니다.

이 구절을 생략하지 않고 그대로 옮긴다면 '색불이공 공불이색 색즉시공 공즉시색. 수불이공 공불이수 수즉시공 공

즉시수. 상불이공 공불이상 상즉시공 공즉시상. 행불이공 공
불이행 행즉시공 공즉시행. 식불이공 공불이식 식즉시공 공
즉시식' 이 될 것입니다.

3. 공을 특질로 하는 것은 불생불멸이다

계속해서 다음 경문을 보겠습니다.

사리자 시제법공상 불생불멸 불구부정 부증불감

舍利子 是諸法空相 不生不滅 不垢不淨 不增不減

이 구절을 해석하면 "사리자여! 제법은 공을 특질로 하기
때문에 생기하지도 소멸하지도, 더러움도 깨끗함도, 증가하
지도 줄어들지도 않는다."라는 뜻입니다.

관자재보살이 또 사리자를 부릅니다. 앞 경문에서 관자재
보살이 사리자에게 오온이 모두 공이라고 하였습니다. 다시
말해 나를 구성하는 육체[색]와 정신[수상행식]이 공이라고

하였습니다. 이번에는 오온뿐만 아니라 제법은 공이라고 합니다. 그리고 공을 특질로 하는 것〔空相〕은 불생불멸 · 불구부정 · 부증불감이라고 합니다.

그런데 '제법', 모두 제(諸), 법 법(法)은 무슨 의미일까요? '모든 법'이라는 뜻인데, 여기서 법은 어떤 의미일까요? 불교에서 사용하는 법(dharma), 즉 다르마(dharma)는 동사 √dhṛ로부터 파생된 것으로 '보존하다 · 유지하다'라는 의미입니다.

먼저 인도에서 법이란 어떤 의미로 사용되었는지 살펴보겠습니다. 고대 인도에서 베다(Veda)의 보조 학문으로 다르마샤스트라(Dharma-śāstra)라는 논서들이 저작되기 시작하였습니다. 그리고 점차 법에 대한 연구를 전문으로 하는 학자가 나타나 인도 정통학파에서 독립적인 학파를 형성하게 되었습니다. 그들에 의하여 편찬된 다르마샤스트라 중 가장 대표적인 것이 『**마누법전**』(Manu-smṛti)입니다. 마누(manu)란 서양의 최초 인간이 '아담'이듯이, 인도 신화에 등장하는 최초 인간을 말합니다. 그래서 『마누법전』을 의역하면 '인간(마누)이 지켜야 할 규범을 모은 것'이라는 의미입니다.

앞에서도 언급하였지만 다르마의 한역인 법(法)이란 '지탱하다', '보존하다'의 의미인 동사 √dhṛ로부터 파생한 명사입니다. 그래서 법이란 사회질서를 보존하는 행위의 규범인 관습·도덕·의무·사회제도·법률 등의 의미였습니다.

다르마샤스트라에서는 다르마의 의미를 광범위하게 기록하고 있지만, 중심적인 내용은 사회 계급법[신분법]과 생활법입니다. 계급법은 바라문을 필두로 각각의 4계급에게 부과된 종교적·사회적 의무입니다. 특히 힌두교의 3대 성전 중의 하나인 『마누법전』에는 브라만(Brahman), 크샤트리아(Kṣatriya), 바이샤(Vaiśya), 수드라(Śūdra)의 의무를 다음과 같이 기록하고 있습니다.

· 바라문의 법은 베다의 교수(教授)와 학습, 자기 또는 타인을 위한 제사와 보시의 의무가 있다.
· 왕족의 법은 인민의 보호, 공양, 베다의 학습 의무가 있다.
· 서민의 법은 목축, 공양, 베다의 학습, 상업, 금전거래, 토지의 경작 의무가 있다.
· 노예의 법은 위의 3계급에 대한 봉사의 의무만 있으며, 베다를 배울 수 없다.

노예를 제외한 3계급은 **재생족**(再生族)이라고 합니다. 왜냐하면 모태로부터의 탄생과 더불어 힌두교의 입문식을 행하여 베다를 학습하는 제2의 출생을 경험하기 때문입니다. 그리고 재생족은 태어나서 죽을 때까지 4개의 생활법을 실천할 의무가 부여됩니다. 4개의 생활법을 구체적으로 살펴보면 다음과 같습니다.

- 학생기(學生期)는 베다의 입문식을 거쳐 스승의 밑에서 살면서 베다를 학습하는 시기이다.
- 가주기(家住期)는 베다 학습을 마치고 집으로 돌아와 결혼하여 자식도 낳고 직업도 가지고 현실적인 삶을 충실히 수행하는 시기이다.
- 임주기(林住期)는 나이가 들어 머리카락이 희어지고 자식에게 적자가 태어날 연령이 되었을 때, 모든 것을 아내에게 맡기고, 또는 아내와 동반하여 삼림에 거주하는 시기이다.
- 유행기(遊行期)는 혼자서 유행하는 시기로 인생의 마지막을 정리하는 단계이다.

이와 같은 계급법〔신분법〕과 생활법은 인도에서 1957년 공식적으로는 폐지되었지만, 힌두교인들 중에는 여전히 준수

하고 있는 사람이 많습니다. 여기서 간단하게 인도의 신분제
도에 대해서 기술하고자 합니다.

인도의 신분제도로 잘 알려진 것은 카스트(caste), 바르나
(varṇa), **자티**(jāti)입니다. 카스트란 말은 원래 최초로 인도 땅
을 밟은 포르투갈 인이 인도 사회가 배타적인 결혼(집단 내부
에서 결혼하는 것)의 틀로 짜여 있다는 것을 알고 붙인, '가문'
또는 '혈통'의 의미인 포르투갈 어 카스타(casta)였습니다. 이
후 인도 땅을 밟은 영국인이나 프랑스 인도 이 말을 차용하
게 되었고, 결국 카스트(caste)로 변하게 된 것입니다.

반면 인도인은 이것을 자티, 즉 '동일한 집단 내에서 태어
남'이라고 불렀습니다. 자티는 자기 집단 내부인과 결혼하
며, 동일한 직업에 종사하였습니다. 인도에는 현재에도 2천
내지 3천 개의 자티가 존재한다고 합니다.

사성제도, 또는 바르나란 본래 피부 색깔〔色〕을 의미하였는
데, 이것이 신분이나 계급을 의미하는 것으로 변한 것입니다.

그리고 아바르나(avarṇa)라고 하여 사성에 속하지 않는 계
급이 존재합니다. 이른바 아웃 카스트(out-caste)입니다. 마하
트마 간디는 이들을 하리잔(harijan, 신의 자식)이라고 불렀으
며, 불교에서는 접촉해서는 안 되는 사람으로 불가촉천민이

라고 불렀습니다.

또한 힌두교도들은 인생의 3대목표가 있는데, 즉 다르마
(dharma), 아르타(artha), 카마(kāma)입니다. 힌두교도는 평생
동안 이 3가지 목표를 추구하며 살아갑니다. 먼저 다르마는
'법(法)'이라고 한역하지만, 힌두교도가 지켜야 할 사회적(종
교적) 의무, 또는 가치기준을 말합니다.

아르타는 목적, 대상, 의미, 재산 등의 의미가 있지만, 여기
서는 물질적인 이익[실리]을 의미합니다. 즉 아르타는 학문,
토지, 금, 가축, 곡물, 친구 등의 획득이고, 획득한 것을 증가
시키는 것입니다.

마우리야 왕조를 개창한 찬드라굽타의 왕권 확립에 지대
한 공헌을 한 카우틸리야(Kauṭilya)는 그의 저작 『실리론(實利
論, Arthaśāstra)』에서 아르타를 인생의 근본이라고 하였습니
다. 『실리론』은 이탈리아 출신의 마키아벨리의 저작인 『군주
론』과 비슷한 내용을 담고 있습니다.

카마는 '애욕', '성애(性愛)'로 번역되지만, 욕망의 일반적
인 의미입니다. 카마의 중요성을 설한 바츠야나의 『카마수트
라』제1권 제1장에는 다음과 같이 인간[힌두교도]은 인생의 3
대 목표를 차례로 추구하라고 하였습니다.

"소년시절에는 학문을 습득하는 등의 다르마를 추구하고,
청년시절에는 카마를 추구하고, 노년에는 다르마와 해탈
(mokṣa)을 추구하라. 또한 수명은 정하여져 있지 않기 때문에
적절한 기회에 이것들을 추구해야 한다."

(kāma-sūtra, 1.2.2-5)

그리고 인생의 3대 목표에 해탈을 더하여 4대 목표라고도 합
니다. 이처럼 인도에서 법이란 다양한 의미로 사용되었습니다.

이제 불교에서 사용하는 법의 의미에 대해 말씀드리겠습
니다. 오늘날 일반적으로 법이란 강제성을 가진 법률이나 의
무 등을 뜻하지만, 불교에서는 넓은 의미로 사용합니다.

가장 일반적인 의미로는 부처님께서 일생 동안 우리들을
위해 설한 가르침입니다. 그래서 교법, 법문, 전법 등으로 사
용합니다. 그리고 진리라는 의미로도 사용하는데, 진리란 동
서고금 누구에게나 적용되는 보편타당한 것입니다. 불교도
에게는 부처님의 말씀이 바로 진리입니다.

또한 유식사상의 대표적인 논서인 『성유식론』에서는 법을
'궤지(軌持)'라고 정의하고 있습니다. 『성유식론』의 주석서인

『성유식론술기』에서는 궤(軌)를 사물에 대한 이해를 생기게 하는 것[軌可生物解]이라고 하고, 지(持)는 주지(住持, 독자적인 본질이나 성질을 보존하는 것)하는 것이므로 자상을 버리지 않는 것[不捨自相]이라고 주석하고 있습니다.

중국의 법상종에서는 전통적으로 법에 대한 정의를 '**임지자성**(任持自性)·**궤생물해**(軌生物解)'라고 하였습니다. 임지자성이란 독자적인 본성[자성]을 가지고 존재하고 있다는 의미이며, 궤생물해란 독자적인 본성을 가지고 변화하지 않으며 사물의 이해 기준이 된다는 의미입니다.

모든 존재는 각각 독자적인 성질을 가지고 있습니다. 책이란 책의 성질을 가지고 있기 때문에 노트와 혼동하는 일이 없습니다. 이것이 임지자성의 측면입니다.

그리고 우리들은 무의식중에 책이라는 것은 책의 속성이라는 기준에 비추어 판단을 내리고, 노트는 노트의 속성이라는 기준에 비추어 판단합니다. 이와 같이 사물의 이해 기준이 되는 측면이 궤생물해입니다. 그렇다고 임지자성과 궤생물해가 별도로 존재한다는 것은 아닙니다.

그렇지만 '제법공상'에서 법이란 존재하는 모든 것, 즉 우리들이 지각이나 감각에 의해 경험하고, 인식할 수 있는 현상적 존재를 말합니다. 이것은 삼법인 중의 하나인 제법무아(諸法無我, 존재하는 모든 것은 자기의 본질을 가지고 있지 않다)의 법과 동일한 의미입니다. 다시 말해 앞에서 말한 '시제법공상' 중의 법은 '존재'라는 뜻입니다.

계속해서 경문에서 '제법은 공을 특질로 하기 때문에 생기하지도 멸하지도 않는다〔불생불멸〕'라고 합니다. 존재하는 모든 것〔제법〕은 인연에 의해 생기하지만, 실체로서 존재하거나 생기하는 것이 아닙니다. 즉 제법은 공입니다. 그러므로 공의 입장에서 보면 제법은 처음부터 생기하지도 소멸하지도 않는다〔불생불멸〕는 것입니다. 그래서 용수보살은 『중론』에서 공의 입장에서 보면 모든 존재〔사물〕는 "소멸하지도 않으며 생기하는 일도 없고, 단절하지도 않으며 상주〔항상〕하지도 않고, 단일하지 않으며 다수도 아니고, 오는 것도 없으며 가는 것도 없다."고 하였습니다.

또한 '공을 특질로 하는 제법은 불구부정'이라고 합니다. 구(垢)는 더럽다는 뜻이기 때문에 불구는 더럽지 않다는 것이며, 정(淨)은 깨끗하다는 뜻이기 때문에 부정은 깨끗하지 않다는 것입니다.

공의 입장(승의제)에서는 더러움은 성립할 수 없습니다. 제법은 공이기 때문에 비록 윤회하는 존재라도 공의 입장에서는 더러움이 없기 때문입니다. 그리고 부정이란, 공의 입장에서는 제법은 청정이라는 것이 성립하지 않는다는 것입니다. 그래서 공의 입장에서는 생사 즉 열반, 번뇌 즉 보리, 윤회 즉 열반이라고 하는 것입니다.

우리들은 일상생활 속에서 깨끗한 것과 더러운 것, 아름다운 것과 추한 것 등을 구별하며 살아갑니다. 그러나 『반야심경』에서는 모든 사물은 연기적 존재, 즉 공을 특질로 하는 것이며 본래부터 청정이니 부정이니 하는 구별이 없다는 것입니다.

또한 '공을 특질로 하는 제법은 부증불감'이라고 합니다. 증(增)은 증가하다, 늘어나다는 뜻이며, 감(減)은 감소하다, 줄어든다는 뜻입니다. 그래서 공의 입장에서 보면 제법은 증가하지도 줄어들지도 않는다(부증불감)는 것입니다.

우리들은 생기한다는 개념을 긍정하면 멸한다는 개념을 부정하려 하고, 더럽다는 개념을 부정하면 청정하다는 개념을 긍정하고, 증가한다는 개념을 부정하면 줄어든다는 개념을 긍정합니다. 또한 성(聖)을 긍정하면 속(俗)을 부정합니다. 그러나 『반야심경』에서는 개념이나 언어에 의해 분별하는 두 개념을 공의 입장에서 부정합니다. 특히 용수보살은 모든 것은 공이라는 바른 이해에 의해 우리들의 인식구조, 즉 언어를 매개로 하는 실재론적 구조를 타파하고자 하였습니다. 용수보살은 『중론』에서

"업과 번뇌의 소멸로부터 해탈이 있다. 업과 번뇌는 분별로부터 생기한다. 그것[분별]은 희론(戱論)으로부터 생기한다. 한편 희론은 공[공성]에서는 소멸한다."

(『중론』 18장 5게송)

라고 했습니다. 다시 말해 우리들은 번뇌를 동반한 갖가지의 업을 만들기 때문에 미혹의 생존에 머물고 있습니다. 번뇌를 동반한 업을 소멸하는 것에 의해 해탈을 획득합니다. 그런데 업과 번뇌는 분별로부터 일어나는 것이며, 분별은 **희론**으로부터 일어나는 것입니다. 그리고 그 희론은 공[공성]에서는 소멸되는 것입니다. 그러므로 공을 바르게 이해하는 것에 의해 희론도 분별도 없어지는 것이므로 최종적으로는 해탈[깨달음]이 획득되는 것입니다.

이처럼 우리들이 언어를 매개로 하여 분별을 동반한 인식

구조로 보면 생긴다·소멸한다·더럽다·깨끗하다·증가한다·줄어든다 등의 편견은 생깁니다만, 부처님의 마음, 즉 분별[희론]을 떠난 공의 입장에서 보면 불생이고, 불멸이고, 불구이고, 부정이고, 부증이고, 불감입니다.

그리고 부정하는 아닐 불(不)이 여섯 번 등장하기 때문에 6불(六不)이라고 하는데, 그렇다고 6이라는 숫자에 얽매이지 말아야 합니다. 용수보살은 『중론』에서 8불, 경전에서는 10불 등으로 표현하기도 하지만, 여기서 6불은 모든 불(不)을 상징적으로 나타내고 있습니다.

4. 5온·12처·18계는 공하다

다음 경문으로 넘어가겠습니다.

시고공중 무색 무수상행식 무안이비설신의 무색성향미촉법 무안계 내지 무의식계

是故空中 無色 無受想行識 無眼耳鼻舌身意 無色聲香味觸法 無眼界 乃至 無意識界

이것을 해석하면 "그러므로 공에는 색·수·상·행·식〔오온〕도 없고, 안·이·비·설·신·의〔육근〕도 없고, 색·성·향·미·촉·법〔육경〕도 없고, 안계도 없고 내지 의식계〔육식〕도 없다."라는 뜻입니다.

1) 5온은 공하다

이 경문은 5온(蘊)·12처(處)·18계(界)라는 불교의 세계관이 공이라고 합니다. 온·처·계는 **삼과법문**(三科法門)이라고 하여 원시불교 이래로 불교의 세계관을 나타낸 것입니다.

온이란 앞에서도 설명했습니다만, 범어 스칸다(skandha)의 번역으로 '모임' 또는 '덩어리'라는 뜻입니다. 그래서 5온이란 물질적 존재인 색과 정신적 작용인 수상행식이 공이라고 하였습니다.

먼저 경문에서는 "시고공중 무색 무수상행식(是故空中 無色 無受想行識)"라고 하여 공의 입장에서 5온을 부정합니다.

이것을 해석하면 '이런 까닭에 공에서는 색도 없고, 수상행식도 없다'라는 뜻입니다.

다시 말해 공의 입장에서 보면 색·수·상·행·식의 5온은 공이라는 것입니다. 그러나 세속의 입장에서는 5온이 존재합니다. 물론 『반야심경』에서는 세속의 차원에서 5온의 존재를 논하고 있지는 않습니다. 만약 세속의 차원에서도 5온이 존재하지 않는다고 한다면 허무주의에 빠지게 됩니다. 다시 말해 세속의 입장에서 보면 5온은 존재합니다. 그러나 공의 입장에서 보면 5온이 공이라는 것입니다. 이처럼 『반야심경』은 존재하는 모든 것은 인연에 따라 일시적으로 존재하는 것〔공〕이기 때문에 집착하지 말고 살아야 한다는 강한 메시지를 우리에게 보내고 있습니다.

2) 12처는 공하다

이처럼 5온을 공이라고 부정한 뒤에 『반야심경』에서는 계속해서 6근과 6경, 즉 12처를 부정합니다. 이것에 대한 경문은 다음과 같습니다.

> **무안이비설신의 무색성향미촉법**
> 無眼耳鼻舌身意 無色聲香味觸法

이 구절을 해석하면 공의 입장에서는 "안·이·비·설·의도 없다. 색·성·향·미·촉·법도 없다."는 뜻입니다.

이 경문은 처(處), 구체적으로는 6근과 6경의 12처를 공의 입장에서 부정합니다. '처(āyatana)'는 접두사 'ā'에 '나열하다, 배열하다'는 의미의 동사어근 √야트(yat)에 명사어미 '아나(ana)'가 첨가된 단어로 '장소'나 '생장'의 뜻입니다. 그래서 한역에서는 '처(處)'로 번역하였습니다. 다시 말해 6근이 6경을 받아들여 의식을 만들고 발전시키는 '장소'라는 상징적인 표현입니다.

그럼 먼저 12처 중에서 6근에 대해 설명하겠습니다. **육근**(六根)이란 6가지의 감각기관, 즉 안근, 이근, 비근, 설근, 신근, 의근을 말합니다. 우리들은 6가지의 감각기관을 통해 외계의 인식대상〔境〕을 인식합니다.

다시 말해, 안근은 사물을 보고, 이근은 소리를 듣고, 비근은 향기를 맡고, 설근은 맛을 보고, 신근은 접촉하고, 의근은 5근을 종합하는 것입니다.

다시 말해 인간은 5근을 종합하는 기능을 가진 의근을 통해 즐거움, 괴로움, 선, 악 등을 지각합니다.

예를 들어 사랑하는 사람이 있다고 합시다. 그 사람을 처음에 어떻게 사랑하게 되었는지 곰곰이 생각해 보십시오. 아마도 처음 만났을 때 안근, 즉 눈으로 보고 첫눈에 반해 관심을 갖기 시작했을 것입니다. 그리고 내 사람으로 만들기 위해 온갖 노력을 다했을 것입니다.

두 사람이 사귀기 시작하면 매일 전화해서 그 사람의 목소리를 듣고 싶습니다. 이근의 작용이 왕성해집니다. 목소리를 듣고 있으면 자연스럽게 직접 눈으로 보고 싶어집니다. 그래서 매일 만나 데이트를 즐기며 사랑을 피워 갑니다. 그러나 눈으로 보는 것과 목소리를 듣는 것만으로 만족하지 않습니다. 차츰 보는 것으로 만족하지 못하고, 이제는 안근에서 신근으로 옮겨 갑니다. 처음에는 가볍게 손을 잡는 것으로 시작합니다. 그리고 시간이 흐르면 가벼운 뽀뽀를 하게 되고 진한 키스를 하는 단계로 발전합니다. 두 사람의 관계가 더욱 발전하면 몸으로 옮겨 갑니다. 그런데 눈으로 익힌 것보다 몸으로 익힌 것이 오래 지속하듯이, 접촉은 보는 것이나 목소리를 듣는 것보다 아주 오래 지속되는 특징이 있습니다. 그리고 접촉을 하다 보면 그 사람의 독특한 향기를 느낍니다. 이런 근〔감각기관〕을 통해 서로 사랑이 깊어짐을 느끼게 되는데, 바로 그것은 의근의 역할입니다. 이처럼 근은 우리들의 삶에 지대한 영향을 미칩니다.

감각기관을 '근(根)'이라고 하는 것은 사물을 생성시키는 강력한 힘을 가지고 있기 때문입니다. '근(根)'은 범어로 '인드리야(indriya)'라고 하는데, '인드리야'는 인드라(indra) 신의 강력한 힘을 형용화한 것입니다.

한편 근(根)의 한자적인 의미는 식물의 뿌리를 말합니다. 나무나 식물의 뿌리[根]가 외부로부터 양분을 흡수하는 기관일 뿐만 아니라 나무나 식물의 잎을 성장시키는 힘[에너지]을 가지고 있는 것처럼, 감각기관이 바깥의 대상을 받아들여 지각을 생기게 하는 힘을 가지고 있기 때문에 '근'이라고 합니다. 그래서 예로부터 6근이란 6식이 인식대상을 인식할 때[發識取境] 그 의지처가 되고 근본이 되기 때문에 '근'이라고 합니다. 이런 의미에서 '근원, 근본'으로 해석하기도 합니다.

『법화경』에서는 경전[법화경]을 수지, 독송, 해설, 사경한다면 6근을 청정하게 할 수 있다고 하였습니다. 이처럼 경전의 수지, 독송 등을 통해 6근을 청정하게 할 수 있다고 하여 『법화경』을 널리 유통시킬 것을 강조하고 있습니다. 이런 이

유 때문인지 인도에서 가장 많이 발견되는 경전의 범어 사본
은 『법화경』입니다.

그런데 이 구절에서는 공성의 입장에서 보면 우리들이 보
고(안), 듣고(이), 냄새 맡고(비), 맛보고(설), 접촉하고(신), 의
식함(의)이 없다는 것입니다.

다음은 **육경**(六境)에 대해 설명하겠습니다. 육경이란 6가
지의 인식대상, 즉 '색경 · 성경 · 향경 · 미경 · 촉경 · 법경'
을 말합니다. 경(境)이란 범어 '비사야(viṣaya)'의 번역인데,
인식대상이라는 뜻입니다.

구마라집스님은 비사야를 티끌 **진**(塵)으로 번역하였습니
다. 구마라집스님이 '비사야'를 진(塵)이라고 한역한 까닭은
우리의 깨끗한 마음에 더러운 미혹이 인식대상인 '색 · 성 ·
향 · 미 · 촉 · 법'을 통해 외부 세계에서 먼지(티끌)처럼 들어
오기 때문에 진(塵)이라고 번역하였다고 생각합니다. 그래서
선종에서는 먼지〔번뇌〕가 쌓여 있는 거울〔마음〕을 닦아 내면,
즉 본래 모습인 깨끗한 거울〔마음〕로 되돌리는 것을 견성성
불이라고 하는 것입니다.

우리들은 감각기관을 통해 외부 세계의 인식대상을 지각
합니다. 예를 들면 안근은 형체, 이근은 소리, 비근은 냄새,

설근은 맛, 신근은 촉의 인식대상을 지각합니다. 그리고 마지막에 의근은 법경(法境), 즉 5근을 종합하는 기능을 담당합니다. 이 6근과 6경을 합쳐서 12처(處)라고 합니다.

이처럼 공의 입장에서는 6근과 6경의 12처는 존재하지 않습니다. 그렇지만 세속의 입장에서도 12처가 존재하지 않는다는 것은 아닙니다.

3) 18계는 공하다

다음 경문에서는 6가지의 마음, 즉 6식(六識)도 부정합니다. 이것에 대한 경문은 다음과 같습니다.

무안계 내지 무의식계

無眼界 乃至 無意識界

이 구절을 해석하면 '안계 내지 의식계도 없다'라는 뜻입니다.

먼저 경문 자체에 대해 설명하겠습니다. 안계는 안식을 말하며, 의식계는 의식을 뜻합니다. 내지는 '~에 이르기까지' 라는 뜻으로 안식과 의식 사이의 이식, 비식, 설식, 신식을 생략했다는 뜻입니다. 그리고 계(界)는 범어 다투(dhātu)의 번역으로 '영역'이라는 의미입니다.

이 구절은 공의 입장에서 보면 안·이·비·설·신·의의 6근과 색·성·향·미·촉·법의 6경, 그리고 안식 등의 6식(六識)을 더한 18계(界)가 없다는 것입니다.

18계(界)란 안근(眼根)·이근(耳根)·비근(鼻根)·설근(舌根)·신근(身根)·의근(意根)의 6개 감각기관과 색경(色境)·성경(聲境)·향경(香境)·미경(味境)·촉경(觸境)·법경(法境)인 6개의 대상, 그리고 안식(眼識)·이식(耳識)·비식(鼻識)·설식(舌識)·신식(身識)·의식(意識)인 6개의 마음[識]을 말합니다.

여기서 6가지의 마음[識] 중 대표적인 안식의 작용에 대해 알아보겠습니다. 안식이란 시각을 의지한 마음입니다. 다시 말해 안식은 대상을 보는 작용입니다. 예를 들어 우리들이 의자를 의자로 알기 위해서는 인식대상인 색경[의자], 감각기관인 색근[눈], 인식기능을 담당하는 안식의 3자가 반드시 접촉[觸]을 일으켜야 의자를 인식하는 것입니다. 이처럼 감각기관, 대상, 마음이라는 3자의 접촉에 의해 모든 인식은 이루어집니다.

그런데 어떤 사물을 인식하는 것에 촉〔접촉〕이 중요한 역할을 합니다. 여기서 유식사상에서 말하는 촉에 대해서 간단하게 알아보고 본론으로 돌아가겠습니다. 세친보살이 유식사상을 불과 30개의 게송으로 총정리한 『유식삼십송』에서는 '촉'을 아뢰야식과 언제나 함께 작용하는 심소, 즉 마음의 작용이라고 하였습니다.

그런데 일반적으로 촉이라는 말은 '피부에 접촉하다' 라는 '촉경(觸境)' 의 의미로 생각하기 쉽습니다. 우리들은 촉이라고 하면 대부분 영어의 '터치(touch)' 를 먼저 떠올리게 됩니다. 그러나 『유식삼십송』의 주석서인 『성유식론』에서는, "촉이란 삼이 화합하여〔三和〕 변이(變異)로 분별한다. 심과 심소로 대상에 접촉하게 하는 것을 본성으로 하고, 수·상·사 등의 의지처가 되는 것을 작용으로 한다"라고 정의하고 있습니다.

여기서 삼화(三和)라는 것은 인식기관〔根〕, 인식대상〔境〕, 인식작용〔識〕의 3가지 조건을 가리키며, 이 3가지의 조건이 접촉하는 것을 말합니다. 그리고 변이란 근(根)이 대상으로 향할 때 본래의 모습이 변화한다는 의미입니다.

구체적으로 설명하면, 경(境)은 '근(根)' · '식(識)'과 만나는 것에 의해 변화합니다. 예들 들면 누구도 본 적이 없는 깊은 산속의 한 송이 백합꽃(境)도 누군가의 근(根) · 식(識)과 만남으로써 비로소 백합꽃이 됩니다.

이와 같이 변하는 것을 변이(變異)라고 합니다. 분별이란 '닮다(相似)'라는 의미로 식(識)이 근(根)의 변화와 닮는다는 것입니다. 예를 들어 한증탕에 들어가면 더운 열기가 피부에 닿아 피부가 열기를 감지합니다. 그리고 피부의 변화에 따라 덥다는 것을 느끼게 됩니다.

다시 말해 우리들이 어떤 것을 안다(인식)고 하는 것은 근(根, 피부) · 경(境, 열기) · 식(識, 덥다)의 3조건이 만나는 것에 의해 처음으로 성립한다는 것입니다. 만약에 근, 경, 식 중에 하나라도 결여되어 있으면 우리들의 인식은 성립하지 않습니다. 그래서 촉은 감정(인식)을 생기게 하는 근거가 된다고 하겠습니다.(『유식삼십송과 유식불교』, 2009)

또한 이식, 비식, 설식, 신식도 안식과 동일하게 작용합니다. 그러므로 18계가 작용해야 우리들이 세계를 인식할 수 있는 것입니다.

그러나 공의 입장에서는 18계는 성립하지 않습니다. 이른 바 불교의 세계관인 5온, 12처, 18계가 '공'이라는 것입니다.

5. 연기란 곧 공이다

계속해서 경문에서는 부처님이 체험한 진리의 내용인 12 연기도 공이라고 부정합니다. 경문은 다음과 같습니다.

무무명 역무무명진 내지무노사 역무노사진

無無明 亦無無明盡 乃至無老死 亦無老死盡

이 구절을 해석하면 "무명도 없고 또한 무명이 다함도 없다. 내지 늙음도 죽음도 없다. 또한 늙음과 죽음이 다함이 없다."는 뜻입니다.

공의 입장에서 보면 무명도 노사도, 무명이 다함도, 노사의 다함도 없다는 것입니다. 무명이란 12연기의 지분 중에서 처음으로 등장하는 것으로 '명(明)'이나 '깨달음'의 반대말입니다. 이 구절도 12연기를 전부 '공'이라고 하지 않고 '내지'라는 말로 압축하여 표현하고 있습니다. 앞에서도 설명했습니다만, '내지'란 '무명'과 '노사' 사이에 있는 '행, 식, 명색, 육입, 촉, 수, 애, 취, 유, 생의 10가지 지분을 생략했다는 뜻입니다.

그런데 중요한 것은 12지분이 아니라 **인연생기**(因緣生起)의 준말인 연기가 중요합니다. 12라는 숫자는 단순히 연기를 보다 자세하게 풀어 설명한 것에 불과합니다. 부처님께서 체득한 진리도 바로 연기입니다. 부처님께서는 스스로 연기법은 내가 발명한 것이 아니라 발견하였다고 하셨습니다. 이미 연기는 스스로 만고의 진리로서 존재하였는데, 그 연기의 이치를 부처님께서 체득했다는 뜻입니다. 그렇다면 구체적으로 연기란 도대체 무엇인지 알아보도록 하겠습니다.

앞에서도 설명했지만, 연기란 인연생기의 준말입니다. 연기란 '~에 의하여 함께 생기하다'라는 뜻의 범어 '프라티트야 삼우트파다(pratītya samutpāda)'를 한자로 번역한 것입니다. 한마디로 말하면 연기란 인간의 괴로움은 왜 생기며, 그 괴로움을 어떻게 하면 소멸할 수 있는가를 우리들에게 가르치고 있습니다.

우리들은 온갖 괴로움을 안고 살아가고 있습니다. 굳이 찾지 않아도 고뇌의 씨앗은 사방에 널려 있으며 끊임없이 우리들에게 다가와 우리를 괴롭힙니다. 연기는 이 괴로움을 괴로움으로 자각하고, 괴로움에 의해 다가오는 씨앗을 명확히 의식하며, 괴로움의 해결은 이 씨앗을 근절하는 것이라고 가르칩니다. 부처님께서는 깨달음의 한가운데서 인간의 대표적인 괴로움은 생·노·병·사이고, 이 괴로움에 의하여 오는 원인과 이유를 직관적으로 파악하였습니다. 다시 말해 인간의 괴로움 과정과 괴로움을 소멸해 가는 과정을 12가지 지분으로 세분한 것이 12연기입니다. 구체적으로 12연기에 대해 설명드리겠습니다.

1) 무명·행

첫 번째 지분은 무명과 행입니다. 이 두 지분은 자신의 과거 삶에서 기인한 괴로움입니다. 부처님께서는 인간이 괴로운 근본적인 원인을 무명이라고 보았습니다. 무명이란 밝은 지혜가 없다는 뜻으로, 구체적으로 말하면 연기나 사성제 등의 진리에 대해 무지하기 때문에 생기하는 온갖 번뇌입니다.

그리고 진리에 대해 무지[무명]하기 때문에 3업, 즉 신업, 구업, 의업을 일으킵니다. 그리고 자신이 행위한 과거의 3업은 사라지는 것이 아니라 잠재적인 힘으로 남아 현재의 내 삶에 영향을 미칩니다. 이 잠재적인 힘을 행이라고 합니다.

2) 식

행에 의해 만들어진 과거의 무수한 업은 잠재적인 힘으로 남아 현재의 나의 삶인 식, 명색, 육입, 촉, 수, 애, 취에 영향을 미칩니다. 그 첫 번째가 식, 명색, 육입입니다. 식이란 불교의 세계관인 5온, 12처, 18계에서도 설명했습니다만, 6가지의 마음 활동인 안식 · 이식 · 비식 · 설식 · 신식 · 의식을 말합니다. 유식에서는 안식 · 이식 · 비식 · 설식 · 신식의 5가지 마음을 전오식(前五識)이라고 하고, 의식을 제6의식이라고 합니다. 여기서 전오식과 제6의식은 어떤 작용을 하는 마음인지 알아보겠습니다.

유식에서는 모든 마음[말나식, 의식, 전오식]은 아뢰야식을 의지하여 생기한다고 합니다. 그렇지만 전오식은 어떤 때는 함께 작용하고 어떤 때는 단독으로 작용한다고 합니다. 다시 말해 안식이 단독으로 작용하는 경우도 있으며, 안식, 이식, 비식이 동시에 작용할 때도 있다는 것입니다.

예를 들어 낙동강 을숙도에서 석양을 바라볼 때는 눈[眼識]이 단독으로 작용합니다. 그렇지만 친구와 함께 횟집에 가서 생선회를 먹을 때는 먼저 눈[眼識]으로 그 회가 싱싱한가를 확인하고, 혀[舌識]로 그 맛을 즐깁니다. 또는 TV를 볼 때 눈[안식]은 화면을 보면서 동시에 귀[이식]는 소리를 듣습니다. 이처럼 감각이 단독으로 작용하기도 하고 몇 개의 감각이 함께 작용하는 마음입니다.

아뢰야식과 전오식의 관계를 물과 파도의 관계로도 설명합니다. 아뢰야식을 물에, 전오식을 파도에 비유한 것으로, 마치 바다에 바람이 불면 그 바람의 상태에 따라 파도가 일어나는 것처럼, 아뢰야식에 여러 가지 조건이 접촉하면 그 조건의 힘에 의해 전오식이 일어난다는 것입니다. 그렇지만 전오식은 무상정 등의 수행단계나 깊은 잠에 빠지거나 기절하면 작용하지 않는 마음입니다.

제6의식은 각각의 대상[境]을 인식[了別]하는 마음[識], 즉 요별경식(了別境識)이라고 합니다. 제6의식은 자신의 감각능력에 의해 우리들의 인식범위가 한정되는 마음입니다. 예를 들어 같은 시간 동일한 공간에서 강의를 들어도 집중하지 않으면 그 내용을 알 수 없으며, 같은 지면의 신문을 읽어도 관심 분야가 다르면 신문의 기사 내용이 각각 다르게 보일 뿐만 아니라 기억하는 내용도 다릅니다.

게다가 우리의 시력이 아무리 좋아도 자외선이나 적외선 등을 볼 수 없고, 아무리 청각이 좋아도 돌고래나 박쥐 등의 고주파를 들을 수 없으며, 아무리 좋은 코를 가졌다고 해도 개보다 냄새를 잘 맡을 수가 없습니다.

이 마음은 감각에 의해 우리의 인식 능력이 한정된다는 것을 의미합니다. 다시 말해 이 마음은 우리의 감각 능력에 따라 다르게 보인다는 것입니다.

이처럼 제6의식은 자신의 지식 · 교양 · 경험 등에 의해 인식 대상이 한정된다는 것입니다. 그리고 아뢰야식과 말나식은 가치론적으로 무기, 즉 아뢰야식은 무부무기이며, 말나식은 유부무기입니다. 그렇지만 제6의식은 가치론적으로 선 · 불선(악) · 무기 모두에 작용하는 마음입니다. 그래서 제6의식은 우리들의 일상생활에 가장 자주 접하는 마음인 동시에 선악이나 무기에도 관여하는 변화하기 쉬운 마음입니다. 그렇기 때문에 동요하기 쉬운 마음인 제6의식을 안정시키기 위해서는 끊임없는 노력(수행)이 필요한 것입니다.

불교에서는 가치를 선, 악(불선), 무기의 3가지로 구분합니다. 선이란 '이 세상[此世]과 저 세상[彼世]에서 이익을 주는 마음이나 행위'를 말합니다. 반대로 불선(不善)이란 '이 세상이나 저 세상에서 손해를 초래하는 마음이나 행위'를 말합니다. 무기는 '이 세상이나 저 세상에서 이익도 손해도 주지 않는 마음이나 행위'입니다. 그래서 『성유식론』에서는 무기를 "선과 불선의 이롭고 해로운 뜻 중에서 기별(記別), 즉 선인지 악인지 별도[別]로 나타낼 수 없기 때문에 무기라고 이름한다."고 하였습니다.

그런데 우리들이 일상생활에서 유념해야 할 것이 있습니다. 바로 현재 자기가 행복[즐거움]하거나 불행[괴로움]할 때의 이 행복과 불행은 지금 세상[현세]에만 영향을 미치지만 선·악·무기는 현실세계뿐만 아니라 미래세에도 영향을 미친다는 것입니다. 따라서 비록 이 세상에서 행복하거나 불행하더라도 그것은 현재의 삶에서 끝납니다.

예컨대 현생에서 재산이 많아 행복하더라도 그것을 미래에까지 가져갈 수는 없다는 것입니다. 결국 현재의 삶이 돈이나 명예 때문에 행복해도, 아니면 돈이 없어 불행해도 그

행복이나 불행은 현재의 삶에서 끝나지 미래의 삶에 영향을 주지 않는다는 것입니다. 아무리 삼성그룹의 이건희 회장이 많은 재력을 가지고 행복한 삶을 보낼지라도 죽으면 그 재력은 아무 쓸모가 없는 것입니다. 그러나 자신이 지금 현생에서 행한 선·악·무기는 미래의 삶에도 그 영향을 미칩니다. 그래서 부처님은 우리들에게 끊임없는 수행을 요구한 것입니다.

중국 법상종에서는 제6의식을 전오식과 관련시켜 다음과 같이 분류하기도 합니다. 먼저 제6의식을 오구의식과 불구의식으로 나눕니다.

오구의식(五俱意識)이란 제6의식이 전오식과 관계를 가지고 있는 상태를 말하는데, 오동연의식과 부동연의식으로 구분합니다. 먼저 오동연의식(五同緣意識)이란 제6의식이 전오식과 동일한 대상에 집중하고 있는 상태를 말합니다. 예를 들어 책을 읽을 때 안식이 글자를 보고 있고, 의식도 또한 그것에 집중하여 책의 내용을 이해하는 것입니다. 반면 부동연의식(不同緣意識)이란 감각이 활동하고 있는 것은 오동연의식과 동일하지만, 제6의식이 전오식과는 다른 것을 생각하고 있는 상태입니다.

불구의식(不俱意識)은 제6의식이 전오식과는 별도로 활동하는 상태를 말합니다. 불구의식은 다시 오후의식과 독두의식으로 구분합니다. 오후의식(五後意識)이란 전오식을 계기로 제6의식이 활동하지만, 전오식의 활동이 끝난 이후에도 제6의식이 계속 작용하는 상태를 말합니다. 예를 들면 좋은 영화를 보고 난 후에 그 감동의 여운이 남아 집으로 돌아오는 길에 계속해서 음미하는 의식입니다. 독두의식(獨頭意識)이란 제6의식이 전오식과 별도로 독자적으로 활동하는 상태를 말합니다.

이 독두의식에는 정중의식, 몽중의식, 독산의식의 3종류가 있습니다. 먼저 정중의식(定中意識)은 선정 중의 의식 상태로 환각이나 환상의 상태를 말합니다. 또는 깨달음의 체험이나 심신탈락(心身脫落)의 상태와도 관계하는 의식입니다. 몽중의식(夢中意識)은 꿈속의 의식입니다. 프로이트의 정신분석학에서는 꿈을 무의식과 관계하는 것으로 보지만, 유식에서는 제6의식의 활동으로 파악합니다. 독산의식(獨散意識)은 전오식의 활동을 떠나 제6의식만이 자유롭게 활동하는 것을 말하며, 구체적으로 사고·판단·상상력·이상을 추구하는 등의 마음활동입니다.(『유식삼십송과 유식불교』, 김명우)

3) 명색과 육입

너무 사설이 길었습니다. 다시 본 주제로 되돌아가겠습니다. 다음은 명색의 지분입니다.

명색이란 현상적 존재, 구체적으로 말하면 마음 바깥에 존재하는 대상을 말합니다. 보다 구체적으로 말하면 6경, 즉 색·성·향·미·촉·법을 말합니다.

육입이란 앞에서도 설명했지만, 6근의 다른 말로 6처(六處)라고도 합니다. 요즘말로 하면 6개의 감각기관, 즉 안근·이근·비근·설근·신근·의근입니다. 즉 눈(眼)은 시각기관으로서의 시신경 또는 시각 능력을 의미하고, 귀(耳)는 청각기관 또는 청각 능력을 의미하며, 코(鼻)는 취각기관 또는 취각 능력을 의미하고, 혀(舌)는 미각기관 또는 미각 능력을 의미하며, 몸(身)은 피부가 아니라 촉각기관 또는 촉각 능력을 의미하고, 뜻(意)은 지각기관 또는 지각 능력을 의미합니다.

그런데 독자들께서 한 가지 주의하실 것이 있습니다. 식(인식작용), 명색(대상), 육입(감각기관)은 시간적 인과관계가 아니라 논리적 인과관계라는 사실입니다. 다시 말해 식, 명색, 육입은 동시에 일어나는 것이지만, 지분으로 나누다 보니

식─명색─육입의 순서를 정한 것뿐입니다.

4) 촉·수

다음은 촉입니다. 앞에서도 설명했지만, 촉이라고 하면 단순히 피부의 접촉이나 만지는 것으로 생각하기 쉽습니다. 여기서는 식, 육입, 명색의 3자가 서로 접촉하는 것을 촉이라고 합니다. 다시 말해 식〔인식작용〕과 명색〔대상〕과 육입〔감각기관〕이 모여 있는 곳에서 접촉〔촉〕이 일어납니다. 즉 3자〔인식작용, 대상, 감각기관〕의 접촉에 의해 감각이나 지각의 인식작용이 생기할 때를 촉〔접촉〕이라고 합니다. 그러나 3자의 접촉이 있더라도 괴로움이나 즐거움의 지각은 분명하지 않은 상태입니다.

그리고 식, 육입, 명색의 3자가 서로 접촉하면, 그 다음은 수의 작용이 일어납니다. 감수작용, 즉 대상이나 현상을 받아들이는 작용이 일어납니다. 그렇지만 받아들일 때 무조건적으로 우리들은 받아들이지 않습니다. 대상을 선택해서 받아들입니다. 다시 말해 동일한 대상이나 현상이라도 각각 즐겁게 받아들이거나, 기분 나쁘게 받아들이거나, 무덤덤하게 받아들이는 사람이 있습니다. 그래서 개인적인 차이, 즉 각자 개성의 차이가 나는 것입니다. 감수작용[수]에서는 기쁨, 괴로움 등은 지각하지만, 아직까지 욕망[탐욕]은 일어나지 않습니다.

5) 애

그 다음에 '애'의 지분이 일어납니다. 즉 **갈애**(渴愛)가 일어납니다. 갈애란 마치 사막에서 목이 마를 때에 물을 갈구하듯이 애욕에 집착한다는 것입니다. 그래서 갈애는 인간의 모든 번뇌의 근저에 있으면서 윤회를 반복하게 하는 원인으로서의 욕망의 총칭입니다. 갈애, 즉 욕망이란 재산, 명예 등의 물질적·정신적 욕망뿐만 아니라 사후에 고통 없는 천국에 태어나기를 바라는 것도 포함하는 아주 넓은 개념입니다. 그런데 불교에서는 인간의 욕망을 정신적 현상[심리적 현상]인 바람(chanda)·탐욕(rāga), 오감을 통한 감각적 욕망인 카마(kāma), 물질적·정신적 욕망을 포함하는 넓은 의미인 갈애(tṛṣṇa) 등으로 세분합니다.

먼저 오감을 통한 감각적 욕망인 카마에 대해 설명하겠습니다. '카마(kāma)'는 '바라다'라는 뜻의 동사어근 √캄(kam)에서 파생한 명사로 욕망 중에서도 눈·코·입 등의 '감각'을 바탕으로 생긴 욕망을 말합니다. 그래서 고대 인도의 경전 중에 인간의 성행위에 대한 기록을 담고 있는 『카마수트라(kāma-sūtra)』처럼 '카마(kāma)'를 육체적 욕망에 한정시켜 '성욕(性欲)'으로 번역하기도 하였습니다.

그런데 육체를 가지고 있는 한 감각에 동반되는 식욕·성욕·수면욕 등의 욕망을 인간이 완전히 제어할 수 있을까? 다시 말해 인간이 살기 위해서는 반드시 뒤따르는 이런 욕망을 완전히 제어할 수 있을까요? 감각적 욕망을 완전히 제어한다는 것은 결국 죽음밖에 없습니다. 만약에 잠을 자지 않거나 음식을 먹지 않는다면 결국 그 최후는 육체적인 죽음만이 기다리고 있는 것입니다. 아마도 부처님 재세 때에도 이런 욕망을 제어하는 고행을 하다가 수많은 수행자들이 죽음을 맞이했을 것입니다. 그래서 부처님께서는 중도를 우리들에게 제시하였던 것입니다. 부처님은 다음과 같이 설하였습니다.

"수행자들이여! 수행자는 두 개의 극단적인 삶의 방식에 따르지 말아야 한다. 그 두 개는 무엇인가? 하나는 **애욕**에 빠져 애욕을 구하고 탐닉하는 것으로, 그것은 열등하고, 야비하고, 보잘것없는 인간이 하는 것이다. 숭고한 것도 아니고 이상에 맞는 것도 아니다.

또 하나는 자신의 (육체를) 고통 주는 것으로 **고행**이다. 역시 숭고하다고 말할 수 없고, 이상에 맞지 않는다.

수행자들이여! 이 두 개의 극단적인 삶의 방식에 빠지지 않는 중도가 여래에 의하여 깨달아졌다. 이것은 눈을 뜨게 하고 지(知)를 생기게 한다. 정신적·육체적인 편안함, 날카로운 지력(知力), 완전한 깨달음, 즉 열반에로 향하게 하는 것이다."

"거문고 줄이 지나치게 팽팽해도, 그와 반대로 지나치게 느슨해도 좋은 소리를 낼 수 없다. 거문고가 가장 좋은 소리를 내기 위해서는 거문고 줄이 적당한 상태를 유지하여야 한다. 이처럼 열반을 얻기 위한 수행의 길도 극단적인 고행이나 지나친 쾌락적인 행위를 피하고 중도를 실천해야 한다."

(『소부경전』 소나경)

이처럼 부처님께서는 극단적인 애욕과 고행을 벗어난 중

도의 실천을 우리들에게 요구합니다. 그래서 불교에서는 이런 감각적인 욕망을 완전히 부정하지 않습니다. 육체를 가진 한 감각적 욕망은 인간이 살아가는 동안 필수적으로 동반되는 것입니다.

부처님께서는 우리들에게 감각적 욕망으로 인해 초래된 잘못된 결과를 계율이나 수행 등을 통해 제어하고, 절제할 것을 요구합니다. 다시 말해 부처님께서는 감각적 욕망을 제어하고 절제하라고 말씀하셨지, 완전히 없애라고 한 것은 아닙니다. 왜냐하면 인간은 욕망을 통해 바람, 희망, 성취욕, 삶의 목적 등을 실현해 가는 존재이기 때문입니다. 만약 인간에게 이 욕망이 없다면 개인적인 일상생활은 무기력하게 될 것이며, 인류의 발전도 기대할 수 없을 것입니다.

이처럼 감각적 욕망(kāma)은 인간이 일상생활을 영위하는 데 있어서 강력한 삶의 원동력이 되지만, 동시에 불교도의 궁극적 목표인 열반의 성취를 방해하는 최대의 장애물이기도 합니다. 결국 우리들이 어떤 길을 선택하건 오로지 그 자신의 문제입니다. 다음에 등장하는 욕(欲)이란 우리들의 선택에 따라 좋은 것이 될 수도 있고, 아주 나쁜 것도 될 수 있습니다.

먼저 **'바람'** 이라고 번역한 범어 '찬다(chanda)'는 '원하다'는 뜻의 동사어근 √차드(chad)에서 파생한 것으로 인간이 가지고 있는 의욕, 자극, 의지, 욕망, 집착 등으로 번역합니다. 구체적으로 말하면 찬다는 행위를 하기 위한 의지나 욕구 등 대상을 향하여 나아가기 위한 원인이 되는 심리적 현상이라고 할 수 있을 것입니다. 특히 자기가 '좋아하는 대상에 대해서 희망하는 마음의 작용'입니다. 예를 들면 우리들은 이왕이면 예쁜 여자나 잘생긴 남자를 만나기 원하고, 음식도 맛있는 음식, 가방이나 옷도 명품을 사려고 합니다. 즉 보다 나은 것을 가지려고 하고, 보다 맛있는 것을 먹으려고 하는 것이 바로 찬다〔바람〕입니다.

그런데 범어 '찬다(chanda)'를 삼장법사 현장스님이 '욕(欲)'이라고 한역했기 때문에 인간이 버려야 할 욕망이나 욕구로 생각하기 쉬울 것입니다. 그렇지만 『유식삼십송』의 주석서인 『성유식론』에서도 주석하고 있듯이 '찬다(chanda)'를 희망이나 바람으로 번역하는 것이 적절할 것 같습니다.

우리들의 일상생활은 나쁜 바람과 좋은 바람이 동시에 공존하고 있습니다. 나쁜 쪽으로 바란다면 이것은 욕망이나 탐욕이 될 것입니다.

예를 들어 봅시다. 사격을 좋아하는 사람이 있다고 합시다. 그가 총알이 과녁에 명중하기를 바란다면 그것은 선한 바람입니다. 그러나 만약 사람을 죽이기 위한 것이라면 그것은 나쁜 바람이 되는 것입니다. 이처럼 찬다는 대상에 따라 선과 악 어느 쪽으로도 작용할 수 있습니다. 그래서 찬다는 좋은 바람이건 나쁜 바람이건 자기가 '좋아하는 대상에 대해서 희망〔바람〕하는 마음의 작용'이라고 한 것입니다.

다음은 **탐**(貪)입니다. 탐은 분노하는 마음작용인 진(瞋)과 진리에 대해 어리석은 치(癡)와 더불어 깨달음을 방해하는 근본적인 번뇌로 삼독(三毒)이라고 합니다. 유식사상에서는 '탐'을 번뇌의 심소〔마음작용〕에 포함시키고 있습니다. '탐(raga)'이란 '채색하다'는 뜻의 동사어근 √라즈(raj)에서 파생한 명사로 욕망이나 탐욕으로 번역합니다.

그런데 왜 우리들은 이런 욕망이 생겨날까요? 유식에서는 이런 욕망을 일으키는 근원적인 욕망의 마음이 우리의 심층에 존재한다고 합니다. 그것이 바로 탐입니다. 이처럼 탐이란 무시이래의 선천적인 것과 후천적인 것에 대한 인간의 끝없는 집착이며, 이 집착이 탐욕으로 나타나는 것입니다. 그

래서 우리들은 매일 살아가면서 본능적인 욕망인 수면욕·
식욕·성욕 등을 일으키고, 또한 후천적으로 재산욕·출세
욕·명예욕 등을 일으킵니다.

연세가 있으신 분은 기억하고 계실 줄 압니다만, 1951년에
개봉한 비비안 리와 말론 브란도 주연의 '욕망이라는 이름의
전차(A streetcar named desire)' 라는 영화가 있었습니다. 이 영
화의 제목을 떠올릴 때마다 필자는 영화 제목을 너무 잘 붙
였다고 생각합니다. 전차나 기차는 처음에 서서히 움직이기
시작하여 점점 속도를 올립니다. 즉 우리들의 욕망이 전차나
기차의 움직임과 같다는 것을 비유적으로 표현한 것입니다.
처음에는 아주 미미하게 움직이기 시작하지만 나중에는 고
속으로 질주하는 전차처럼 욕망도 처음에는 미세하지만 점
점 극대화되어 조정하기 힘들게 되는 속성을 갖고 있는 것입
니다. 그래서 제목을 '욕망이라는 이름의 전차' 라고 붙인 것
같습니다. 비록 오래된 영화이지만, 독자 여러분들께 적극적
으로 추천하고 싶은 영화입니다.

또한 경전에서는 탐〔탐욕〕을 원숭이의 덫에 비유하고 있습
니다. 옛날 인도에서는 원숭이를 잡을 때 나무 구멍에 송진
을 담아 두었다고 합니다. 그러면 호기심 많은 원숭이는 한

손을 넣어 보는데, 그랬다가 손이 빠지지 않자 다른 손을 마저 집어넣게 됩니다. 그래도 손이 빠지지 않으면 이번에는 오른발과 왼발을 차례로 집어넣습니다. 그러다가 마지막에는 입마저 집어넣어 결국 꼼짝 못하게 된다고 합니다.

이처럼 탐욕은 아주 미미하게 시작하지만 점점 커져 결국 제어하기 힘든 상태가 되는 것입니다. 이와 같이 탐욕〔욕망〕은 전차와 원숭이의 덫처럼 아주 미미하게 그리고 아주 천천히 시작하지만 결국 욕망이라는 속도와 덫에 걸려 헤어나지 못하는 전차나 원숭이처럼 인간을 파멸의 길로 이끌어 가는 것입니다.

프랑스의 현대 철학자 자크 라캉(Jacques Lacan)은 인간의 욕망을 'need'와 'desire'로 구분하였습니다. 일반적으로 한국에서는 'need'를 욕구, 'desire'를 욕망으로 번역하고 있습니다.

여기서는 욕구와 욕망에 대해 현대 자본주의와 관련시켜 간단하게 설명하고자 합니다. 우선 글자의 의미부터 설명하겠습니다. 평소에 우리들은 욕구(欲求)와 욕망(欲望)을 비슷한 말로 사용하고 있습니다. 실제로 비슷하게 사용될 뿐만 아니라 사전적인 의미도 그다지 차이가 나지 않습니다. 욕구의 사전적 의미는 '무엇을 하거나 무슨 일을 하고자 바라고 원하는 것'이며, 욕망은 '무엇을 하거나 가지고 싶어 간절히 바라고 원함 혹은 그렇게 원하는 마음'이라고 규정하고 있듯이 둘은 크게 차이가 나지 않습니다.

그러나 한자로 분석해 보면 둘의 차이가 분명해집니다. 욕구와 욕망은 각각 바랄 욕(欲) 자에 찾을 구(求) 자와 바랄 망(望) 자가 결합하여 이루어진 말입니다. 이 두 낱말의 차이는 구(求) 자와 망(望) 자의 차이일 것입니다. 구(求)는 나에게 필요한 것을 내가 적극적으로 구한다는 의미입니다. '추구'(끈기 있게 뒤쫓아 구함), '요구'(받아야 할 것을 달라고 함) 등과 같은 말에서 그 의미가 잘 나타납니다. 반면 망(望)은 '바라다'는 의미와 더불어 '바라보다'라는 의미도 있으므로 내가 바라는 것을 적극적으로 구하기보다는 추이를 관망하면서 소극적으로 기다린다는 의미가 함축되어 있습니다.

그리고 욕구와 욕망으로 번역되는 'need'와 'desire'도 그 사전적 의미나 용법상 엄밀하게 구별하기 힘들지만, 욕구 (need)와 욕망(desire)은 분명한 차이가 있습니다. 'need'의 근원적 의미는 결여이고, 결여되어 있는 것을 반드시 채우고자 하는 필요의 의미를 함축하고 있습니다. 그래서 '욕구'는 기본적으로 동물적인 생존 본능을 의미합니다.

인간은 배가 고플 때 음식을 한 그릇 내지 두 그릇을 먹으면 만족합니다. 아무리 배가 고파도 한 끼에 열 그릇 먹는 사람은 없습니다. 이른바 최소치가 충족되면, 다시 말해 배가 부르면〔욕구가 충족되면〕더 이상 요구하지 않습니다. 그리고 이 욕구는 절대적인 것으로 시대나 장소에 따라 변화되는 것이 아닙니다. 또한 욕구는 사물의 사용가치〔기능, 쓰임새〕를 중시합니다.

반면 'desire'는 원하는 것, 하고 싶은 것 등 주관적 소원을 나타낸다고 하겠습니다. 그러므로 '욕망'이란 사회적 · 문화적 바람입니다. 예를 들어 음식을 먹을 때 양적인 만족보다는 질적인 만족, 즉 맛있는 음식을 먹고 싶어 하는 것입니다. 그리고 욕망은 상대방과의 비교를 통해 좀 더 예뻐지고 싶다는 최대치를 기준으로 삼습니다. 왜냐하면 인간은 끝없는 새로운 욕망으로 이루어진 존재이기 때문입니다. 다시 말해 좀 더 맛있는 것, 좀 더 예뻐지고, 좀 더 고급스런 제품 등을 끊임없이 갈망하는 것입니다. 이러한 욕망은 상대적이기에 시간이나 장소에 따라 변화할 수 있습니다.

게다가 상품의 사용가치보다는 미적인 가치〔디자인 · 맛〕,

기호적 가치〔메이커·브랜드〕를 추구하기 때문에 상품에 사용가치가 남아 있어도 폐기처분하고 현재 유행하는 새로운 상품을 구입하게 합니다. 그리고 욕망은 메이커나 브랜드에 치중하기 때문에 가짜 상품을 유행하게 만드는 것입니다.(김명우, 2010)

예를 들어 봅시다. 요즈음 거의 모든 사람들이 휴대폰을 소지하고 다닙니다. 심지어 스마트폰까지 등장한 시대입니다. 그런데 휴대폰이 망가져 못쓰게 되어 교환하는 사람이 과연 몇 명이나 되겠습니까. 다시 말해 휴대폰의 사용가치가 다 되어 바꾸는 사람이 몇 명이나 되겠습니까. 왜 이런 현상이 벌어질까? 휴대폰을 바꾸라는 끊임없는 자극이 외부로부터 들어옵니다. 바로 대중매체를 통한 광고입니다. 광고는 우리들의 욕망을 끊임없이 자극합니다. 남자들은 예쁜 여자배우들이 선전하는 새 휴대폰을 보면, 멀쩡한 휴대폰을 처분하고 새로운 휴대폰을 구매합니다. 새로운 휴대폰을 구매하지 않고 버티기는 힘듭니다. 여자들도 마찬가지입니다. 대한민국 최고의 남자배우들이 선전하는 휴대폰을 보면 새로운 제품을 구입하지 않고서는 못 견딥니다. 게다가 새로운 휴대폰을 구매하지 않으면 사회적으로 낙오한 사람으로 취급받기 때문에 멀쩡한 휴대폰을 폐기처분하고 어쩔수없이 새로운 휴대폰을 구매합니다.

이처럼 인간은 외부의 자극으로부터 자기의 주체성을 지킬 수 없게 됩니다. 자본주의는 바로 이런 인간의 욕망을 자극해서 이윤을 남겨 유지되는 시스템입니다. 그야말로 인간의 '욕망의 확대재생산'으로 유지되는 것이 자본주의 사회입니다. 그렇다면 우리들은 어떻게 살아야 할까요? 욕망에 충실한 꼭두각시로 살아야 할까요, 아니면 주체성을 가진 존재로 살아야 할까요? 그것은 우리들의 선택과 실천에 달린 문제입니다.

6) 취

계속해서 취의 지분에 대해 설명하겠습니다. 앞에서 설명한 애욕〔갈애〕의 집착 때문에 취(取)가 일어납니다. 취란 욕망하고 원하여 얻은 물질적인 것과 정신적인 것에 집착하는 것으로 4가지가 있습니다. 즉 욕취(欲取)는 물질적인 집착, 견취(見取)는 견해〔因果否定〕에 집착하는 것, 계금취(戒禁取)는 종교적 신조〔미신적 행위〕에 집착하는 것, 아취(我取)는 자아에

집착하는 것입니다. 이것에 집착하는 것으로 말미암아 생존
이 됩니다.

7) 유 · 생 · 노사

이처럼 현재의 나의 삶인 식, 명색, 육입, 촉, 수, 애, 취에
의해 미래의 삶도 영향을 받습니다. 미래의 삶에 기인하는
것은 유, 생, 노사입니다. 첫 번째는 유(有)로, 윤회적 생존을
말합니다. 이 윤회적 생존에 의해 생, 즉 태어남이 있습니다.
태어남이 있기 때문에 늙고, 죽음을 맞이합니다. 그래서 우
리들의 삶은 괴로운 것입니다.

그런데 노병사는 괴로움으로 이해할 수는 있습니다만, 태
어남이 괴롭다는 것을 독자들께서는 이해할 수 있습니까? 우
리들은 10개월 동안 어머니의 태내에 갇혀 있다가 좁은 산도
를 통해 세상 밖으로 나옵니다. 이때 산모도 괴롭고, 아기도
괴롭습니다. 그래서 태어날 때의 괴로움을 '생'이라고 생각
하기 쉽습니다만, 앞에서도 언급했듯이 생의 괴로움은 윤회
의 세계에 태어나는 괴로움을 말합니다.

다시 말해 윤회의 괴로움으로부터 해방되는 것이 불교의

목적입니다. 그래서 부처님은 윤회의 괴로움을 소멸하는 방법을 제시합니다. 이것은 괴로운 이유와 반대로 설명됩니다. 즉 우리들의 괴로움의 근원인 무명이 소멸하면 행도 소멸하고, 행이 소멸하면 식·명색·육입도 소멸하며, 촉·수·애·취도 소멸하며, 유·생·노사도 소멸하는 것입니다. 이와 같은 방법으로 우리들은 괴로움에서 벗어날 수 있는 것입니다.

6. 사성제는 공하다

무고집멸도

無苦集滅道

부처님께서 과거의 수많은 보살행과 현세의 수행을 통해 진리를 체득하신 이유는 무엇일까요?

부처님은 바로 우리들에게 괴로움〔고〕을 소멸시키는 방법과 그 내용을 체득시키기 위해 육체를 가진 석가모니 부처님으로 화신하여 이 땅에 오셨습니다. 부처님의 관심은 오로지 인간의 근원적인 고뇌를 해소하기 위해, 인간은 어떻게 살아야만 하는가 하는 점에 집약되어 있습니다. 부처님은 인간의 문제를 떠난 적이 한 번도 없었습니다. 일상적인 우리들의 사고로써 해결 불가능한 것에 관여하는 것은 극히 배제하였습니다. 쓸모없는 논의는 필요 없고, **"고뇌의 극복에 노력하라."**고 하는 것이 부처님의 기본태도였습니다. 먼저 너무나 잘 알려진 경전의 일화를 소개하고자 합니다.

어느 날 저녁 무렵 말룬키야 풋타(Malunkyaputta)라는 제자가 뭔가 떠오른 표정으로 부처님이 있는 곳으로 왔다. 당시의 사상계에서 유행하고 있었던 문제에 대해, 그는 부처님의 생각을 따지고 싶었던 것이다. 문제는 '세계는 영원한가, 영원하지 않는가?', '세계는 무한한가, 유한한가?', '영혼과 육체는 동일한가, 다른가?', '여래는 사후에도 존재하는가, 존재하지 않는가?' 등이었다. 이것은 당시의 사상가들이 즐겨 논쟁하던 문제이기도 했다. 이에 대해 부처님은 거의 언급한 적이 없었는데, 말룬키야 풋타는 그것이 불만이었다. 그래서 만약 부처님이 철학적 논의를 피해 가려는 성실하지 못한 사상가라면 부처님을 스승으로 모시지 않겠다고 그는 생각하였다.

"세존이여! 이것들의 문제에 대해 아무것도 말씀하시지 않으시면, 저는 세존을 따라 배우는 것을 그만두고 세속으로 돌아가려고 합니다. 문제의 해답을 알고 계시다면 말씀해 주십시오. 모르고 계시면 모른다고 확실하게 말씀해 주십시오."

"말룬키야여! 나는 그와 같은 문제에 대해 한 번도 논한 적이 없었다. 내가 그것에 대해 말하지 않는 한 나의 밑에서 수행하지 않겠다고 말한다면, 그 중간에 너의 수명은 다할 것이다. 나는 결코 이 문제에 대해 논하지 않을 것이기 때문이다.

말룬키야여! 어떤 사람이 화살을 맞았는데 독이 묻은 화살이었다고 하자. 그의 친구, 친척은 화살의 상처에 대해 잘 알고 있는 의사를 부를 것이다. 그러나 그가, 나를 쏜 사람이 어떤 출신인지 알지 못하면 화살을 뽑지 않겠다, 또한 화살을 쏜 사람의 이름, 키, 피부 색깔, 주소를 알지 못하면 화살을 뽑지 않겠다, 또한 화살의 종류, 화살이 대나무인지 아닌지, 화살에 사용된 깃털이 어떤 종류의 깃털인지 알지 못하면 화살을 뽑지 않겠다고 말한다면, 그것에 대해 그는 전부 알 수 없기 때문에 그의 수명은 다할 것이다. 너의 지금의 태도는 그 독화살 맞은 사람과 같다.

말룬키야여! 세계는 영원하다고 하는 사고방식이 있어도 또는 세계는 영원하지 않다는 사고방식이 있어도, 여전히 생노사가 있고, 걱정, 슬픔, 괴로움, 고민이 있다. 나는 생노사 등을 현실 속에서 어떻게 극복할 것인가를 가르치려고 한다. 말룬키야여! 너의 머리를 아프게 하는 문제는 인간의 괴로움의 해결에 도움을 주지 않는다. 말룬키야여! 따라서 내가 말하지 않은 것은 말하지 않은 것으로 그냥 그대로 받아들여라. (내가) 말한 것은 말한 것으로 그냥 그대로 받아들여라. 내가 말하지 않은 것은 '세계는 영원한가, 영원하지 않은가' 라는 문제이고, 내가 말하는 것은 '사성제' 이다."

(『말룬키야小經』 428-429)

이처럼 부처님께서는 괴로움의 해결 방법에 대해 **사성제**의 가르침을 우리에게 제시합니다. 사성제(四聖諦, ārya-catvāri-satyāni)란 '네 가지의 성스러운 진리' 라는 의미입니다. '아르야(ārya)' 는 형용사로 '성스러운' 이라는 의미이며, 뒤에 오는 사제(四諦)를 꾸미고 있습니다. '제(諦)' 란 범어 '사트야(satya)' 의 번역으로 '진리' 라는 뜻입니다. 그런데 『반야심경』에서는 무고집멸도(無苦集滅道)라고 합니다. 오온, 12처, 18계, 12연기처럼 공의 입장에서는 '사성제' 도 없다고 부정합니다.

여기서 초전법륜 중의 하나인 사성제에 대해 구체적으로 살펴보겠습니다.

첫째 고성제(苦聖諦)입니다. 고성제란 '고에 관한 성스러운 진리'라는 뜻입니다. 즉 고성제란 일체의 모든 것[현실적인 것]은 괴롭다[苦]는 것입니다. 한마디로 말하면 '우리들의 인생은 괴롭다'는 것입니다. 인간은 태어나서 괴로움과 고통에 시달리며 죽어 가는 존재입니다.

괴로움[苦]이란 정신적·물리적 고통을 통틀어서 일컫는 말로, 한역에서는 두카(duḥkha, 苦)를 두거(豆佉), 낙거(諾佉), 납거(納佉)라고 음사하기도 합니다. 고의 종류에는 내면적인 고[마음에서 일어나는 괴로움], 외면적 고[밖으로부터 받는 괴로움]가 있습니다. 그리고 고고(苦苦), 괴고(壞苦), 행고(行苦)가 있습니다. 고고는 자기의 욕망이나 욕구를 거스르는 대상으로부터 받는 고통이며, 괴고는 애착하는 대상으로부터 받는 고통입니다.(공간적) 행고는 모든 것이 무상하다는 것을 보고 느끼는 고통입니다.(시간적)

또한 고의 종류에는 사성제에서 말하는 사고[생·노·병·사]와 팔고(八苦)가 있습니다. 경전에서는 다음과 같이 표현하고 있습니다.

"수행자들이여! 이것이 고성제이다. 이른바 태어남도 괴로

움이고, 늙어 가는 것도 괴로움이고, 아픔도 괴로움이고, 죽음
도 괴로움이고, 미워하는 사람과 만나는 것도 괴로움이고, 사
랑하는 사람과 헤어짐도 괴로움이고, 바라는 것이 손에 들어
오지 않는 것도 괴로움이다. 따라서 오취온(五取蘊)도 괴로움
이다."

이처럼 인간의 괴로움은 수없이 산재해 있습니다만, 부처
님은 괴로움을 대표적으로 8가지로 나누어 설명하고 있습니
다. 이 8가지 괴로움〔八苦〕 중에서 가장 괴로운 것은 생사의
괴로움이겠지만, 욕망의 추구를 중요한 가치로 삼는 자본주
의에서의 가장 큰 괴로움은 '바라는 것이 손에 들어오지 않
는 괴로움〔求不得苦〕' 일 것입니다.

우리들은 돈을 많이 벌기 원하고, 남들보다 명예가 높아지
기를 원합니다. 그렇지만 그 재화와 명예는 한정되어 있습니
다. 그러므로 한정된 재화, 자원, 자리를 놓고 개인과 개인,
인간과 인간, 국가와 국가 간에 경쟁할 수밖에 없습니다. 다
시 말해 인간의 욕망은 무한하지만, 지구상의 자원은 유한하
기 때문에 인간은 욕망을 채우기 위해 경쟁할 수밖에 없는
존재입니다. 경쟁에 패한 자는 갖지 못한 자로 전락하고, 경

쟁에 이긴 승자는 자본주의 체제를 향유합니다. 그렇지만 갖지 못한 자와 가진 자 모두 만족하지는 못합니다. 갖지 못한 자는 자기의 부족한 것을 가지려고 하고, 가진 자도 지금보다 더 많은 것을 원하기 때문입니다. 그러므로 인간이 '소욕지족(少欲知足)'의 삶을 살아간다는 것은 자본주의 체제에서는 애초에 실현 불가능할지도 모릅니다.

그러므로 필자는 사회체제의 개선과 더불어 인간의 내부, 즉 마음공부를 통해 해결할 수밖에 없다고 생각합니다. 마음공부는 불교 그 자체입니다. 그래서 성철스님께서는 "불교〔팔만대장경〕를 한 글자로 나타내면 무엇입니까?"라는 질문에 심(心), 즉 '마음공부'라고 대답했던 것입니다. 왜냐하면 자기의 마음을 잘 살펴 수행을 통해 깨달음을 얻는 것이 불교의 근본 목적이고, 깨달음이란 바로 better being(보다 나은 삶)'이며, 또한 'better being'은 바로 **행복**의 다른 말이기 때문입니다. 이처럼 마음공부는 행복의 지름길을 찾는 확실한 방법이기 때문에 선종에서도 마음공부를 가장 중시하였던 것입니다. 그래서 자본주의가 발달한 선진국〔독일이나 프랑스〕에서 마음공부를 중시하는 불교에 귀의하는 사람이 늘어나는 것은 당연한 결과인지도 모릅니다.

두 번째는 고집성제(苦集聖諦)입니다. 즉 '괴로움이 일어나는 원인에 관한 성스러운 진리' 라는 뜻입니다 고집성제란 현실적인 괴로움이 일어나는 원인을 밝히고 있습니다. 경전에서는 괴로움의 원인을 갈애라고 하였습니다. 즉 부처님은 괴로움의 원인을 갈애(渴愛, 인간 개개인에 존재하는 끊임없는 욕망)와 무명(無明, 근본적인 무지) 때문이라고 했습니다.

이 갈애라는 욕망은 육체적 · 정신적 욕망을 포함하는 가장 넓은 범위의 개념입니다. 갈애는 갈망, 욕망, 집착 등과 동일한 의미입니다. 부처님은 이 갈애가 괴로움을 일으키는 원인이고, 윤회를 반복하게 하는 원인이라고 하였습니다. 다시 말해 부처님은 괴로움의 원인을 갈애〔욕망〕와 그 갈애에 대한 집착 때문이라고 하였습니다. 특히 욕망 중에서도 오욕(五欲)에 빠져, 그것에 애착하고 집착하기 때문이라고 하였습니다. 우리들이 얼마나 오욕에 빠져 살아가고 있는 존재인지 경전의 '**흑백이서**(黑白二鼠, 희고 검은 두 마리의 쥐)' 의 비유를 인용해 보겠습니다.

옛날 어느 곳에 나그네가 있었다. 그가 넓은 들판을 걷고 있을 때, 갑자기 미친 코끼리를 만났다. 놀라서 도망치려 하였으나 넓고 넓은 들판이기 때문에 도망쳐 숨을 곳이 없었다. 그러나 다행스럽게도 들판 한가운데에 오래된 우물이 있었다. 그 우물에는 한 가닥의 등나무 덩굴이 안으로 드리워져 있었다. 하늘의 도움이라 생각하고 나그네는 얼른 등나무 덩굴을 타고 우물 안으로 들어갔다.

미친 코끼리는 무서운 어금니를 드러내고 우물 안을 들여다보고 있었다. 나그네는 다행이라고 생각하여 한숨을 내쉬었지만, 우물 밑바닥에는 무서운 큰 뱀이 입을 벌리고 나그네가 떨어지기를 기다리고 있었다. 너무나 놀라서 주위를 둘러보니, 사방에는 네 마리의 독사가 당장이라도 그를 삼키려고 하였다. 생명을 의지하는 곳은 단지 한 줄기의 등나무 덩굴이었다. 그러나 그 덩굴도 자세히 보니 검은 쥐와 흰 쥐 두 마리가 번갈아 가며 갉아먹고 있었다.

나그네는 '이제 나의 삶도 여기서 끝나는구나!' 라고 생각하였다. 그런데 등나무의 밑둥에 있던 벌집에서 벌꿀이 한 방울, 두 방울, 세 방울, 네 방울, 다섯 방울, 그의 입 속으로 떨어졌다. 정말로 감미로운 맛이었다. 그러자 나그네는 지금 자기가 처한 위험마저도 잊어버리고 단지 몇 방울의 벌꿀을 게걸스럽게 구걸하였다.

(김명우, 2002)

이 경전의 비유에 대해 조금 설명을 부가하겠습니다. 넓은 들판을 헤매는 나그네는 바로 우리들 자신입니다. 나그네를 공격하는 한 마리의 미친 코끼리는 무상(無常)의 바람, 즉 흐르는 시간입니다. 우물은 생사(生死)의 심연(深淵), 우물 속의 뱀은 죽음의 그림자이며, 네 마리의 독사는 우리들의 육체를 구성하는 4개의 원소(지·수·화·풍)입니다. 등나무 덩굴은 우리들의 생명, 즉 생명의 밧줄입니다. 등나무 덩굴을 갉아 먹고 있는 흑백의 두 마리 쥐는 밤과 낮을 상징합니다. 벌집에서 떨어지는 벌꿀은 오욕, 즉 우리들의 욕망입니다.

독자들 중에서는 '흑백이서'의 비유를 사찰의 탱화로 본 기억이 있을 것입니다. 필자는 사찰에서 '흑백이서'를 그린 탱화를 볼 때마다 우리들의 삶을 비유적으로 잘 설명한 것에 탄복합니다.

세 번째는 고멸성제(苦滅聖諦), 즉 '괴로움의 소멸에 관한 성스러운 진리'입니다. 괴로움을 소멸한 상태를 해탈 또는 열반이라고 하며, 열반은 괴로움의 원인을 없애서 얻어지는 이상이고 목적입니다. 멸(滅)이란 해소나 해결의 의미로 괴로움이 없어진 상태, 즉 괴로움을 제압[제어]할 수 있는 힘이 있는 것입니다. 이른바 감각기관을 제압한 위에 정신을 집중하는 것입니다.

네 번째는 고멸도성제(苦滅道聖諦), 즉 '괴로움을 멸할 수 있는 방법에 관한 성스러운 진리'입니다. 여기서 도(道)는 이상을 실현하기 위한 수단이나 실천 방법을 말합니다. 그리고 고를 소멸하기 위한 구체적인 실천 방법은 팔정도라고 합니다. 이 팔정도에 대해 경전에서는 다음과 같이 말합니다.

"비구들이여! 이것이 고멸도성제이다. 즉 팔정도인 정견 · 정사유 · 정어 · 정업 · 정명 · 정정진 · 정념 · 정정이다."

팔정도, 즉 '8가지 항목으로 된 성스러운 길[방법]'은 다음과 같습니다.

정견(正見) : 바른 감각적인 파악 또는 관점, 진실의 인식

정사(正思) : 고찰, 감정에 지배되지 않는 바른 사고

정어(正語) : 거짓말 등 남을 나쁘게 말하지 않는 바른 언어적인 표현 또는 행위

정업(正業) : 바른 신체적 행위

정명(正命) : 바른 생활

정정진(正精進) : 진리 추구에 대한 끊임없는 바른 노력

정념(正念) : 산란하지 않은 바른 주의력, 집중력

정정(正定) : 삼매(samādhi), 선정(dhyāna), 바른 정신집중, 정신통일

그런데 필자는 개인적으로 팔정도 중에서 **정정진(正精進)**' 이라는 6번째 항목이 가장 중요하다고 생각합니다. 정정진이란 문자 그대로의 의미는 '바른 노력' 이지만, 이것은 나머지 일곱 가지 항목 전체를 받쳐 주고 있는 것으로 필자는 생각하기 때문입니다. 예를 들어 첫 번째 항목인 바른 견해〔正見〕가 이미 우리들의 몸에 배어 있다면 괜찮지만, 지금 나의 견해가 바르다는 보증은 없고 또한 바르지 않다고 한다면 개정하여 보다 바른 견해를 갖기 위해 '노력〔정정진〕' 하지 않으면 안 됩니다.

바른 사고〔正思〕, 바른 말, 바른 행위, 바른 생활 등도 마찬가지입니다. 그것들을 실현하기 위해서는 반드시 '노력〔정정진〕' 을 필요로 합니다. 노력이 있고 난 후에 처음으로 바른 것이 얻어지고, 바른 것으로부터 보다 바른 것에로 나아갈

수 있는 것입니다. '바른 노력'의 항목이 있는 것은 가능성을 나타낸 것입니다. 이것은 궁극적인 목적이 달성될 때까지 계속 지녀야 할 것입니다. 그래서 부처님께서는 끊임없이 우리들에게 노력 정진할 것을 요구하는 것입니다.

이처럼 부처님은 현실, 즉 우리들의 인생을 괴로움〔고성제〕으로 파악한 다음, 그 괴로움〔고〕의 원인〔고집성제〕이 무엇인가를 차례로 밝히고 있습니다. 그리고 현실의 괴로움이 없어진 이상과 목적을 내걸고〔고멸성제〕, 그것에로 이르기 위한 방법〔고멸도성제〕을 우리들에게 가르쳐 주고 있습니다. 그런데 경전에서는 사성제를 의사〔부처님〕와 환자〔우리들〕의 비유로 곧잘 설명합니다.

첫째, 괴로움으로 가득 찬 현실이 있다. 즉 질병〔고성제〕이 있다.

둘째, 괴로움이 일어나는 원인이 있다. 즉 질병의 원인〔고집성제〕이 있다. 예를 들어 괴로움이 있다면 괴로운 원인이 있을 것이고, 감기에 걸렸으면 감기에 걸릴 만한 이유가 있다는 것이다.

셋째는 괴로움의 원인을 없애서 얻어지는 이상적인 상태

〔열반〕이다. 즉 건강을 회복한 상태이다.

넷째는 이상을 실현하기 위한 실천〔이것을 극복하는 방법〕
이 있다는 것이다. 즉 질병의 치료방법〔팔정도〕이 있다는 것
이다.

7. 얻음은 공하다

다음 구절로 넘어가겠습니다.

> **무지역무득 이무소득고**
>
> 無智亦無得 以無所得故

이 구절을 해석하면 "지(智)도 없고 또한 얻음도 없다. 얻
어지는 것이 없기 때문이다."라는 뜻입니다.

앞의 경문에서 공의 입장에서 보면 5온, 12처, 18계, 12연
기, 사성제는 없다고 하였습니다. 우리들은 존재하는 모든
것은 자성이 없는 공이라고 체득하면 반야의 지혜를 얻었다

고 생각합니다. 그래서 곧바로 우리들은 그 지혜[智]에 사로 잡혀 집착하게 됩니다. 그러나 이 구절에서는 처음부터 그러한 지혜라는 것은 없다[無智]고 합니다. 지혜뿐만이 아닙니다. 이러한 체험을 얻으면 우리들은 필시 무언가 '소득(所得)'이 있거나 이익이나 공덕이 있다고 생각합니다. 그러나 『반야심경』에서도 그런 소득이나 공덕이 애초에 없다고 합니다. 이것이 '무지역무득(無智亦無得)'의 의미입니다.

그렇지만 현실에서는 지혜, 소득, 공덕이 존재합니다. 그러면 존재하는 지혜나 소득이 없다는 것은 무슨 의미일까요? 다음 구절에서 '얻어지는 것이 없기 때문[以無所得故]'이라고 답합니다. 즉 '존재하는 모든 것은 인연으로 생기합니다. 따라서 인연에 의해 생기한 모든 것은 무자성이고 공입니다. 그리고 이 경지를 알았다고 하더라도 무자성[공]이기 때문에 아무 이득도 없는 것입니다.

그렇지만 현실에서 우리들은 무언가 보시를 하면 소득이나 공덕이 있다고 합니다. 예를 들어 어떤 보살님이 절에 큰 불사를 했다고 합시다. 그 보살님은 정말 무주상보시를 한 것일까요? 그 보살님의 마음속을 들여다볼 수 없기 때문에 단언을 할 수 없습니다만, 무주상보시는 아닐 수 있습니다.

그 분이 의식하건 의식하지 않건 무언가 불보살님이나 혹은 스님께 기원하는 것이 있을 것입니다. 그래서 진정한 무소득〔무주상보시〕을 실천하기는 어렵습니다.

여기서 청나라 시대 유곡원이라는 사람이 쓴 **「안면문답**(顔面問答)'이라는 수필을 소개하고자 합니다.

안면이란 바로 우리 얼굴을 말합니다. 얼굴에는 입, 코, 눈, 눈썹이 있습니다. 안면에 있는 입, 코, 눈, 눈썹이 서로 묻고 질문한 내용이 안면문답입니다.

독자들께서 자기의 얼굴을 거울로 보면 알 수 있듯이 얼굴에서 가장 밑에 위치하는 것이 입〔口〕입니다. 그리고 코, 눈이 위치하고 있습니다. 가장 위에 눈썹이 위치하고 있습니다. 그런데 입, 코, 눈이 가만히 보니 눈썹은 가장 위에 위치하면서도 아무 역할도 하지 않는 존재로 보였습니다. 그래서 입, 코, 눈이 불만스럽게 눈썹에게 질문을 던집니다.

"우리 위에서 너는 왜 잘난 체하고 있어? 도대체 너는 어떤 쓸모가 있지?"

그러자 눈썹은 다음과 같이 답합니다.

"너희들은 각자 중요한 역할을 하고 있다. 입은 음식을 섭취하거나 말을 하고, 코는 냄새를 맡거나 숨을 쉬고, 눈은 사물을 본다. 그대들의 노고에 참으로 감사한다. 그런데 새삼스럽게 너희들이 나의 역할에 대해 질문을 했다. 나는 몹시 부끄럽지만, 내 자신도 무엇을 하고 있는지 대답할 수가 없다. 단지 조상 대대로 이곳을 지키고 있을 뿐이다. 너희들에게 미안한 생각을 하면서 열심히 내 자리를 지키고 있다. 너희들은 각자 자랑할 만한 역할을 가지고 있지만, 나는 자랑할 것이 아무것도 없다. 나의 역할이 뭐냐고 질문을 받을 때마다 뭐라고 대답할지 정말 모르겠다."

그리고 유곡원 선생은 이렇게 말을 덧붙이고 있습니다.

"나는 오늘날까지 입, 코, 눈의 마음가짐으로 살아왔다. 그것은 잘못된 인생이었다. 앞으로 반드시 눈썹의 마음으로 세상을 살고 싶다."(김명우, 2002)

눈썹은 확실히 입, 코, 눈과 비교하여 그 역할이 애매합니다. 눈썹은 언뜻 보기에 아무 쓸모없는 존재로 보입니다. 그러나 우리들 얼굴에 눈썹이 없다고 상상해 보십시오. 쓸모없거나 쓰임이 없을 것〔無用〕같지만, 반드시 쓰임이 있는 것

〔用〕이 바로 눈썹입니다. 이런 눈썹의 자세가 바로 무소득이고, 무공덕의 공덕, 무용의 용입니다.

아마도 저뿐만 아니라 독자들께서도 지금까지 눈썹의 마음가짐보다는 입, 코, 눈의 자세로 세상을 살아왔을 겁니다. 눈썹의 마음으로 세상을 살면 세상은 어떻게 달라질까요? 아마도 '이무소득'을 체험하겠죠!

지금까지 파사분(破邪分)을 살펴보았습니다. 다음은 공능분(功能分)입니다.

최고의 깨달음, 아뇩다라삼먁삼보리

菩提薩埵 依般若波羅蜜多故 心無罣礙 無罣礙故 無
有恐怖 遠離顚倒夢想 究竟涅槃 三世諸佛 依般若波
羅蜜多故 得阿耨多羅三藐三菩提

보살은 반야바라밀에 의지하기 때문에 마음에 가애가 없
다. 가애가 없기 때문에 두려움도 없고, 전도몽상도 멀리
하여 최상의 열반에 들었다. 삼세의 모든 부처도 완전한
지혜〔반야바라밀〕에 의지하기 때문에 최고의 깨달음〔무
상정등각〕을 얻었다.

1. 보살은 마음에 장애가 없다

먼저 살펴볼 경문은 다음과 같습니다.

보리살타 의반야바라밀다고 심무가애 무가애고 무유공
포 원리전도몽상 구경열반

菩提薩唾 依般若波羅蜜多故 心無罣礙 無罣礙故 無有恐
怖 遠離顚倒夢想 究竟涅槃

이 구절을 해석하면 "보살은 반야바라밀에 의지하기 때문
에 마음에 가애가 없다. 가애가 없기 때문에 두려움도 없고,
전도몽상도 멀리하여 최상의 열반에 들었다."라는 뜻입니다.

먼저 보리살타란 범어 보디사트바(bodhisattva)의 음사로,
깨달음을 위해 노력하는 자, 또는 구도자(求道者) 내지 각유정
(覺有情)으로 번역합니다. 그런데 보리살타(보살)는 혼자 깨
달음을 얻기 위해 노력하는 사람이 아닙니다. 모든 사람들과
함께 깨달음의 세계에 도달하기를 서원합니다. 그렇기 때문

에 '보살' 입니다.

그리고 반야바라밀은 '도피안' 또는 '지혜의 완성' 이라고 앞에서 이미 말씀드렸습니다.

계속해서 '보살은 마음의 장애가 없다. (마음에) 장애〔罣礙〕 가 없기 때문에 두려움이 없다' 라는 것은, 보살들은 반야바라밀다에 의지하여 마음을 덮는 장애인 번뇌장과 소지장이 없기 때문에 두려움, 즉 윤회의 고통에 대한 두려움이 없다 는 것입니다.

가애〔罣礙〕 중 '가〔罣〕' 는 본래 걸 괘(罣) 자 입니다만, '가' 로 읽습니다. '가〔罣〕' 라는 글자는 '고기를 잡는 그물〔網〕' 을 가리키며, '애〔礙〕' 라는 글자는 '장애물' 이라는 의미입니다. 따라서 '마음에 가애가 없다' 라는 것은 '마음에 아무 걸림이 없다' 는 것입니다. 이른바 어떠한 것에도 구속되지 않고 사로잡히지 않는, 순조롭고 자유롭게 움직일 수 있는 것입니다. 금전을 구하고, 명예를 구하고, 권세를 구하는 사람은 아무래도 가애가 없다고 말할 수 없습니다.

구함이 없는 사람이야말로 '무애의 사람' 이라고 할 수 있습니다. 따라서 걸림이 없고, 자유롭게 움직일 수 있는 것은 구함이 없는 사람만이 가능합니다. 이런 사람을 우리는 대자

유인이라고 하기도 하고, 대도무문(大道無門)하는 사람이라고
도 합니다.

필자는 『반야심경』의 이 구절을 암송할 때마다 『법구경』의
한 구절이 생각납니다.

"홀로 걸어가고 게으르지 않으며, 비난과 칭찬에도 흔들리지
않고, 소리에 놀라지 않는 사자처럼, 그물에 걸리지 않는 바람처
럼, 진흙에 더럽히지 않는 연꽃처럼, 무소의 뿔처럼 혼자서 가라."

『법구경』을 번역하신 법정스님께서도 어디를 가시든지 자
신이 번역한 『법구경』을 가지고 다녔으며, 『진리의 말씀(법구
경)』 서문에도 있습니다만, 이 구절을 가장 좋아한다는 말씀
을 남기고 있습니다.

한국불교도 중에도 부처님의 이 가르침을 좋아하는 분이
많을 줄 압니다. 그렇지만 우리들은 코뿔소처럼 친구나 가족
도 없이 홀로 평생을 살아가기는 힘듭니다. 게다가 홀로 살
면서 열심히 사는 것은 더욱 힘든 일입니다. 또한 우리들은
일상생활 속에서 남의 말 한마디에 울고 웃는 주체성 없는
삶을 영위하고 있기에, 남의 칭찬에는 쉽게 기분이 좋아지며,

남이 나를 비난하면 금방 화를 내는 존재입니다. 그리고 자기에게 조금만 손해가 가면 아무리 사소한 일에도 민감하게 반응하며, 절대로 손해를 보지 않으려고 합니다. 그렇기 때문에 삶에 여유가 없으며, 바람과 같이 유유자적한 삶은 애초에 기대할 수도 없습니다. 특히 세상 모든 사람들은 욕망에 사로잡혀 질주하는 자동차같이 앞만 보고 달리고 있는데, 자기 혼자 연꽃처럼 고고한 척 살아갈 수는 더더욱 없습니다. 그래서 세상과 적당히 타협하며 나의 실리를 챙기면서 살아가는 것이 현명한 삶이라고 스스로 자위하면서 살아갑니다. 또한 내 자식도 그런 삶을 살기를 바랍니다.

다음은 '원리전도몽상'에 대해 말씀드리겠습니다. 이 경문을 해석하면 "전도몽상을 멀리하여"라는 뜻입니다. 원리란 '멀리 떠났다'는 의미이며, **전도**란 '사물을 거꾸로 본다'는 뜻으로 마치 실재하지 않는 사물을 존재하는 것처럼 보는 것을 말합니다. **몽상**이란 꿈이나 망상을 말합니다. 이른바 없는 것을 있다고 생각하는 미혹입니다. 다시 말해 일종의 환각·착각입니다.

예를 들면 어두운 밤길을 가다가 유령을 보았다고 하지만,

사실은 바람에 움직이는 마른 억새풀을 유령으로 착각하는 경우가 종종 있습니다. 이런 착각은 유령이라고 생각한 것이 마른 억새풀이라는 것을 알지 못했기 때문에 일어나는 일종의 환각입니다. 그러나 자세히 보면 유령이 아니라, 마른 억새풀이라는 것을 알게 됩니다. 이 구절은 이와 같은 전도몽상에서 멀리 벗어났다는 것입니다.

그런데 우리들은 일상생활에서 착각, 착오, 환각이라는 말을 자주 사용하기도 하며, 가끔씩은 착각, 착오, 환각을 실제로 경험하기도 합니다. 그래서 인지과학과 유식사상을 통해 우리들의 착각이나 착오에 대해 설명하고자 합니다.

최근 20여 년 사이에 우리들의 지각이나 기억 등의 구조를 연구하는 인지과학이라는 학문분야가 크게 발전하였습니다. 인지과학이란 뇌가 감관을 통해서 외계를 어떻게 지각하는가를 동물실험 등을 통해 과학적으로 연구하는 분야입니다.

최근 인지과학의 성과가 전문 연구자 이외의 사람들에게도 알기 쉽게 소개되고 있습니다. 이 분야의 책을 읽어 보면 인지과학에 의해 밝혀진 많은 것들이 불교의 유식에서 생각하고 있는 것과 일치하고 있으며, 유식사상과 유사점이 많다는 것에 놀라게 됩니다.

우리들은 지각의 착오[잘못]를 자주 경험합니다. 예를 하나 제시하겠습니다.

첫째, 3개의 용기에 화상을 입지 않을 정도의 뜨거운 물·미지근한 물·얼음물을 담아 두고 오른손을 뜨거운 물에, 왼손을 얼음물에 30초 정도 넣은 후에 양손을 동시에 미지근한 물에 넣습니다. 그때의 촉각은 오른손은 차갑고, 왼손은 따뜻함을 느낄 것입니다.

둘째, 스키장에서 고글(goggles)을 끼면 처음에는 경치가 오렌지색에 물들어 흰 눈도 오렌지색으로 보입니다. 그러나 2, 3분 후에는 그 인상은 점차 사라지고 눈은 다시 흰색으로, 하늘은 다시 파란색으로 보이게 됩니다.

첫 번째의 예처럼 양손을 같은 미지근한 물에 넣었기 때문에 물리적으로 양손은 같은 열을 지각해야 하지만, 현실의 지각은 오른손은 차갑고 왼손은 뜨거움을 느낍니다. 어느 쪽(또는 양쪽)의 지각이 착오를 일으킨 것일까요? 또한 고글의 예(例)에서 고글을 낀 상태에서 흰 눈이 오렌지색으로 보이는 것은, 빛이 고글에 의해 오렌지색으로 된 것이기 때문에 물리적으로 정당한 것이라고 생각되겠지요? 그러나 2, 3분 후에는 고글을 낀 상태이지만, 눈은 다시 희게 보입니다. 이것은 착오일까요?

인지과학에서는 어느 쪽도 착오가 아니라 정상적인 지각이며, 지각 시스템이 환경에 순응한 것으로 이해하고 있습니다. 따라서 어느 지각이 바르고 어느 지각이 잘못되었다는 것이 아니라, 양쪽 모두 지각 시스템으로서는 정상적으로 작용한 것으로 생각합니다.

또한 환각을 보고 있는 사람에게는 뇌의 시각피질의 활동 수준이 상승하며, 환청을 듣고 있는 사람에게는 청각피질에 상승이 일어난다고 합니다. 또한 건강한 사람이라도 색깔이나 형체를 생생하게 떠올릴 때는 시각피질에서 활동이 보이고, 멜로디를 생생하게 떠올릴 때는 청각피질에 활동이 일어난다고 합니다.

이것은 외계의 대상이 없어도 뇌에서 동일한 활동이 일어나기도 하며, 의도적으로 활동을 일으키는 것과 똑같은 지각이 발생한다는 것을 나타내고 있습니다. 이것은 일종의 명상〔선정〕의 세계와 비슷한 상태로, 마음에 색형(色形)이나 소리 등이 현현하는 것으로 바로 유식이라고 할 것입니다. 직감적 판단〔인지〕의 착오도 지각과 동일하다고 생각됩니다. 인지는 지식이나 동기의 영향을 강하게 받아서 그 결과가 변합니다.

예들 들어 차갈색(茶褐色)의 얼룩은 상황에 따라 혈흔으로 보이기도 하고, 혹은 녹아 붙은 초콜릿으로 보이기도 합니다.

뇌는 불충분하고 애매한 정보로부터 그 상황에서 가장 확실한 것을 추론하는 것입니다. 차갈색의 얼룩을 나중에 가까이 가서 자세하게 보면 혈흔이라고 확인할 수 있습니다. 이와 같은 것은 불교에서도 인식이나 분별 미망의 비유적 예로써 자주 언급되고 있습니다. 예를 들어 어둠 속에서 새끼줄을 뱀으로 잘못 보거나 멀리 있는 배(杭)를 사람으로 잘못 보기도 합니다. 이것은 어둠이나 거리 때문에 대상을 바르게 볼 수 없었기 때문이지만, 불교 인식론에서는 지각이론의 관점에서 보다 진전된 분석을 하고 있습니다.

처음의 뱀이나 배의 지각은 착오이지만, 뱀이라고 지각하였을 때는 그 사람의 마음에는 뱀의 지각상이 만들어지고, 사람이라고 지각하였을 때는 사람의 지각상이 만들어집니다. 그러므로 그 순간의 지각은 잘못된 것이라고 말할 수 없습니다. 적어도 마음의 지각상은 물리적 · 생리적으로 정당하게 만들어진 것입니다.

또한 인식(인지)은 그 사람이 가진 과거의 내력에 크게 의존하고 있다는 것도 알려졌습니다. 1910년대 프로이트가 마음의 일부 영역으로서 무의식을 제창한 이래 심리학에서는 무의식에 과거 개인의 경험〔내력〕이 축적되어, 그 후에 그 사람의 인식에 커다란 영향을 준다는 것을 알게 되었습니다.

인지과학에서도 지각에 내력이 커다란 영향을 준다고 말하고 있습니다. 박쥐의 예를 들어 설명하겠습니다. 인지과학에 의하면 우리들 인간이 박쥐의 몸이 되어 하늘을 나는 것을 상상하여도, 그것은 인간으로서의 뇌나 그 내력을 기반으로 한 것이기 때문에 결코 박쥐 그 자체로서의 체험이 아니라고 합니다. 박쥐의 뇌에 의한 지각을 통하여 박쥐의 내력을 가짐으로써 처음으로 박쥐와 같은 체험을 할 수 있습니다. 즉 박쥐가 되는 것입니다.

다시 말해 생물의 뇌가 만든 지각상은 생물이 살아 있고 환경이나 생물의 종류의 차이에 의해 상당히 다르다는 것을 우리들에게 가르쳐 줍니다. 같은 환경에 살고 있어도 생물에 의해 지각되고 재구성되는 지각상은 그 생물의 내력이나 감관 능력에 따라 크게 다르기 때문에 도저히 같은 것을 파악하고 있다고 생각할 수 없습니다.

그런데 불교에서는 이미 4세기 후반 성립한 유식사상에서 무의식의 수준인 아뢰야식〔일체종자식, 장식〕을 상정하였는데, 이 아뢰야식은 무시이래의 윤회의 주체로서 과거의 일체 경험〔내력〕을 종자로서 저장하며, 나중에 이 아뢰야식으로부터 새로운 인식〔경험〕이 생긴다고 생각하였습니다.

예를 들어 유명한 '일수사견(一水四見)의 비유'는 생물의 종류가 다름으로 인해 동일한 대상을 다른 것으로 인식하는 것을 통해 '유식'을 나타내고자 하였습니다. 동일한 물〔대상〕이 아귀에게는 고름 등의 더러운 물로, 물고기에게는 사는 장소로, 사람에게는 음료나 목욕물로, 천인에게는 보엄지(寶嚴池)로 보인다고 말합니다. 이처럼 각각 생물의 아뢰야식에는 무한한 과거로부터 행한 행위〔경험, 내력〕가 종자로써 보존되어 있으므로 인식〔지각〕은 과거 내력에 크게 의존하고 있다고 생각할 수 있습니다.

또한 일본 유식사상의 중심 사찰인 흥복사(興福寺) 남쪽에 둘레 360m의 원택지(猿澤池)라고 하는 연못이 있는데, 해마다 이곳에서는 잉어 등을 방생하는 행사가 열립니다. 그런데 이곳에서 손뼉을 치면 잉어는 먹이를 주는 것으로 듣고 몰려든다고 합니다. 한편, 새는 손뼉 소리에 놀라서 도망치고, (여관에서) 시중드는 여자는 손님이 차(茶)를 재촉하는 소리로 듣는데, 이는 인식〔지각〕이 얼마나 내력에 의존하고 있는

가를 잘 나타내고 있습니다.

손뼉을 치면 나는 동일한 소리를 잉어 · 새 · 시중드는 여자는 지금까지 각자가 경험한 것〔내력〕을 바탕으로 '먹이를 주는 것', '위험이나 놀라움', '차를 재촉하는 것'으로 각각 다른 의미로 인식한다는 것을 알기 쉬운 사례로 나타내고 있습니다.

이처럼 유식사상에서는 객관적이라고 생각한 지각이나 인식이 얼마나 인식 주체자에 영향을 미치며, 주관적인가를 일찍부터 알고 있었던 것입니다.(兵藤一夫, 2006)

계속해서 '구경열반'이란 열반에 도달했다는 뜻입니다. 앞 구절에서 보살은 반야바라밀을 체득하기 때문에 마음에 가애가 없고, 두려움도 없고, 일체의 전도몽상에서 벗어났다고 했습니다. 그래서 이 구절에서는 불교의 궁극적 목적인 '열반에 도달했다'는 것입니다. 즉 일체의 모든 번뇌나 미혹으로부터 완전하게 벗어났다는 것입니다.

그런데 우리들은 **열반**이라고 하면 부처님께서 임종을 맞이하기 위해 누워 있는 '열반상(涅槃像)'이나 '열반도(涅槃圖)'를 떠올리거나 아니면 '성철스님이 열반에 드셨다' 또는 '법정스님이 열반에 드셨다'고 하여 곧바로 '죽음'을 먼저 떠올립니다. 다시 말해 열반이라는 것을 생명의 불이 꺼진 상태, 즉 죽음으로 생각하는 사람이 많습니다. 확실히 불교에서는 부처님의 죽음을 열반이라고 부르고 있기 때문에 이와 같은 이해가 틀렸다고 할 수는 없습니다. 그렇지만 열반의 본래적 의미는 번뇌를 완전하게 끊은 '깨달음의 세계'를 말합니다.

열반이란 범어의 '니르바나(nirvāṇa)'를 음사한 것입니다. 니르바나란 '사라지다, 없어지다'는 뜻의 부정 접두어 '니르(nir)'에 '불타다'는 뜻의 동사어근 √바(vā)를 명사화시킨 '아나(ana)'로 구성된 단어입니다. 그래서 니르바나를 번역하자면 '불이 꺼진 상태' 또는 '열이 내려서 건강이 회복된 상태'라는 의미입니다.

불은 장작이 없으면 꺼져 버리지만, 인간의 경우는 장작에 해당되는 것이 탐욕〔貪〕·분노〔瞋〕·어리석음〔癡〕으로 대표되는 삼독이고, 불은 번뇌를 상징합니다.

따라서 니르바나〔열반〕란 '번뇌가 사라져 괴로움이 없어진 상태'를 뜻합니다.

인간에게 있어서는 근원적인 고뇌로부터 해방되어 자유자재한 경지이고, 그 경지는 '적정(寂靜)' 이른바 평화 그 자체입니다. 그래서 '니르바나'를 중국에서는 '적멸'·'원멸(圓

滅)' 등으로 번역하기도 합니다. 구체적으로는 우리들의 미혹된 마음, 즉 '망상·번뇌'의 불을 끈 '대안락(大安樂)의 경지(境地)'를 말합니다. 그래서 경전에서는 비유적으로 번뇌를 불로 표현합니다.

"비구들이여! 모든 것은 불타고 있다. 모든 것은 불타고 있지 않는가? 비구들이여, 눈도 불타고, 눈이 보는 대상도 불타고, 보는 우리들의 의식도 불타고, 보는 움직임도 불타고 있다. 보는 움직임이 불타고 있기 때문에 우리들에게는 쾌감(樂), 불쾌감(苦), 어느 쪽도 아닌 감정(無記)이 일어나지만, 그것도 또한 불타고 있다. 무엇 때문에 이것들은 불타고 있는 것일까?, 불타고 있는 것은 탐욕(貪)의 불 때문에, 성냄(瞋)의 불 때문에, 어리석음(癡)의 불 때문이다. 생·노사 때문에 걱정·슬픔·괴로움·고민·불안 때문에 불타고 있다. 귀(耳)도 불타고…… 코(鼻)도 불타고…… 혀(舌)도 불타고…… 몸(身)도 불타고…… 의식도 불타고 있다."

(『율장』「대품」 1, 21, 2-3)

모든 것이 번뇌의 불에 의해 불타고 있는 것입니다. 따라서 불타고 있는 것을 멀리하고, 번뇌의 불을 끌 것을 권유하고 있습니다. 즉 부처님께서는 우리들에게 열반을 구경하기를 가르치고 있는 것입니다.

열반은 나중에 유여열반과 무여열반으로 구분하였습니다. 유여열반이란 일체의 번뇌를 없애고 미래의 생사 원인을 없앤 자이지만, 아직 육체는 가지고 있는 상태입니다. 반면 무여열반은 모든 번뇌를 끊고 육체도 없앤 상태를 말합니다. 다른 말로 하면 번뇌를 완전하게 없앤 죽음을 의미하며, 진리와 완전하게 일체가 된 상태를 말합니다. 그래서 붓다의 죽음을 대반열반(大般涅槃), 즉 완전한 열반 또는 무여열반이라고 합니다.

2. 반야바라밀은 최고의 깨달음이다

다음 경문으로 넘어가겠습니다.

삼세제불 의반야바라밀다고 득아뇩다라삼먁삼보리

三世諸佛 依般若波羅蜜多故 得阿耨多羅三藐三菩提

이 구절을 번역하자면 "삼세(과거·현재·미래)의 모든 부처는 반야바라밀다에 의지하는 까닭에 아뇩다라삼먁삼보리를 얻었다."라는 뜻입니다.

먼저 경문의 삼세제불이란 과거, 현재, 미래의 삼세에 존재하는 헤아릴 수 없는 무수한 부처라는 뜻입니다. 부처님은 과거, 현재, 미래의 삼세에 계십니다. 과거의 부처님은 과거에 출현하여 진리를 설하시고 중생을 인도한 부처님입니다. 이른바 '과거 7불'입니다. 현재의 부처님은 석가모니 부처님입니다. 그리고 미래에 출현하여 진리를 설하고 중생을 인도할 미래의 부처님은 바로 미륵불입니다. 미륵불은 현재 미륵보살로서 수행 중입니다. 미륵불은 현재의 부처님인 석가모니 부처님이 입멸하시고 56억 7천만 년 후에 세상에 출현할 부처님입니다. 이런 의미에서 대승불교에서는 시방삼세에 부처님이 계신다고 합니다.

경문의 '아뇩다라삼먁삼보리(阿耨多羅三藐三菩提)'란 범어 '아누타람 삼먁삼보딤 아비삼붓다하(anuttarāṃ-samyak-sambodhim-abhisambuddhāḥ)'를 음사한 것입니다. 먼저 아누타라(anuttara), 즉 아뇩다라(阿耨多羅)란 '무(無)'라는 뜻의 부정어

안(an)에 '위〔上〕'라는 뜻의 웃타라(uttara)가 첨가된 말로, 더 이상 위가 없다는 무상(無上)의 뜻입니다. 이것을 음사하면 '아눅다라'입니다. 계속해서 '삼야크(samyak)'는 '바르다·올바르다'는 뜻으로 한역에서는 정(正)이라고 하였습니다. 여기서는 음사하여 '삼막(三藐)'이라고 하였습니다.

그리고 '삼보디(saṃbodhi)'에서 접두어 '삼(saṃ)'은 '완전한, 함께, 등(等)'의 의미이며, '보디(bodhi)'는 '깨달음〔覺〕이라는 뜻입니다. 그래서 '삼보리(三菩提)'로 음사했습니다.

그런데 삼보리(saṃbodhi)는 모든 지혜가 모여 있다는 의미로 '두루 알다·한결같이 깨닫다'로 번역합니다. 그래서 삼보리를 '변지(編知)'·'등각(等覺)' 등으로 한역하기도 합니다. 이런 의미에서 아눅다라삼막삼보리는 무상정변지(無上正編知) 또는 '가장 최상의 진실한 깨달음'이라는 뜻의 무상정등각(無上正等覺)이라고도 한역합니다. 무상정등각은 부처님의 깨달음을 의미합니다.

반야바라밀은 가장 뛰어난 진리이다

故知般若波羅蜜多 是大神呪 是大明呪 是無上呪 是無等等呪 能除一切苦 眞實不虛故 說般若波羅蜜多呪 卽說呪曰

때문에 알아야 한다. 반야바라밀다는 대신주이고, 대명주이고, 무상주이고, 무등등주이다. 일체의 괴로움을 제거하여 진실하며 헛됨이 없기 때문이다. 반야바라밀다의 진언을 설한다. 즉 주문을 설한다.

다음은 총결분으로서 경문은 아래와 같습니다.

고지 반야바라밀다 시대신주 시대명주 시무상주 시무등
등주

故知般若波羅蜜多　是大神呪　是大明呪　是無上呪　是無等
等呪

이 구절을 해석하면 "때문에 알아야 한다. 반야바라밀다
는 대신주이고, 대명주이고, 무상주이고, 무등등주이다."라
는 뜻입니다.

먼저 경문에서는 '고지', 즉 '알아야만 한다' 로 시작합니
다. 그럼 '누가' 알아야만 하는 걸까요? 바로 지금 『반야심
경』을 읽고 있는 내 자신이라고 추측할 수 있습니다. 그리고
무엇을 알아야 할까요? 그것은 다음에 등장하는 경문, 즉 반
야바라밀다는 대신주, 대명주 등입니다.

계속해서 경문에서는 '반야바라밀다는 대신주 · 대명주 ·
무상주 · 무등등주' 라고 합니다.

먼저 대신주란 크고 신묘한 진언(mantra)이라는 뜻입니다.

여기서 신(神)이란 불가사의한 영력(靈力)이라는 뜻입니다. 원래 만트라(mãntra)는 '주(呪)'나 '진언'을 의미하는 것으로, 불교 이전의 인도 전통 사상인 바라문교[Brahmanism, 현재의 힌두교의 전신]에서는 종교적 의식에 사용되는 신들의 노래였습니다. 힌두교의 3대 성전 중 하나인 베다(veda), 특히 신들에 대한 찬가를 모은 리그 베다(Ṛg-veda)에서는 제관들이 신들을 제사장에 이끌고 찬송하는 노래, 즉 진언을 독송하였습니다. 이 신들에 대한 찬송의 노래, 즉 진언이 불교에 도입된 것입니다. 다시 말해 만트라[진언]는 바라문 출신의 수행자들에 의해 불교 교단에 처음 도입되었던 것입니다. 부처님께서는 처음에 만트라를 금지시켰지만, 치통·복통 등의 치료를 위한 진언은 허가하였다고 합니다.

대승불교에서도 진언을 다라니와 함께 널리 사용하였지만, 특히 밀교에서는 진언 또는 다라니는 진리 그 자체라고 하여 대단히 존중하였으며, 번역하지 않고 독송만 했습니다. 왜냐하면 진언을 독송하면 진리와 합치된다고 생각하였기 때문입니다.

게다가 밀교에서는 3밀[신밀, 구밀(어밀), 의밀] 중에서 구밀을 진언비밀이라고 하여, 진언비밀을 독송하면 즉신성불의 깨달음을 얻을 뿐만 아니라 세속적인 소원도 들어준다고 하였습니다. 특히 진언 중에서도 광명진언을 독송하면 모든 죄가 소멸한다고 합니다. 그리고 광명진언을 독송하면서 가지(加持)한 모래를 죽은 시신이나 무덤에 뿌리면, 그 힘으로 망자가 서방 극락세계에 왕생한다고 합니다.

계속해서 **대명주**에서 대(mahā)는 '커다란', '명(明, vidyā)' 이란 광명(光明)의 명(明)으로서 반야의 진언이야말로 영원히 빛나는 부처님의 신성한 말씀이라는 뜻입니다. 그러나 '명(明)'은 지혜나 지식 또는 깨달음, 주문의 의미도 있습니다. 그래서 '커다란 깨달음의 진언'이라고 번역하는 것이 타당할 것 같습니다. 이처럼 진언은 마음의 어둠을 부수고, 사방을 밝게 비추는 활동을 하는 것입니다.

무상주란, 진언(주문)은 더 이상의 위가 없는(an-uttara) 최상의 '주문(mantra)'이라는 의미입니다.

무등등주란, 진언(주문)은 더 이상 비슷한 종류(比類)가 없다는 것, 이른바 그 어떤 것과도 비교할 수 없는 가장 뛰어난 주문이라는 것입니다.

이처럼 현장스님의 한역에서는 '반야바라밀'이 주어이고, 대신주, 대명주 등이 술어로 해석되고 있습니다. 다시 말해 반야바라밀다는 대신주, 대명주, 무상주, 무등등주라고 해석하고 있습니다.

그런데 범어 원전에는 "반야바라밀다의 커다란 진언, 커다란 깨달음의 진언, 무상(無上)의 진언, 무비(無比)의 진언은 모든 괴로움을 제거하고 헛됨이 없기 때문에 진실이다."라고 하였습니다. 즉 주어가 반야바라밀다의 주문(무상주, 대명주 등)이고, 술어는 능제일체고, 진실불허입니다.

필자의 개인적인 생각입니다만, 범어 원전을 살펴보는 것이 내용을 가장 쉽게 이해하는 길인 것 같습니다.

다음 구절로 넘어가겠습니다.

능제일체고 진실불허고 설반야바라밀다주

能除一切苦 眞實不虛故 說般若波羅蜜多呪

이 구절을 해석하면 "일체의 괴로움을 제거하여 진실하며 헛됨이 없기 때문이다. 반야바라밀다의 진언을 설한다."라는 뜻입니다.

그런데 앞에서도 언급했습니다만, 범어 원전을 바탕으로 해석하면 "반야바라밀다의 진언(주문)은 대명주, 대신주, 무상주, 무등등주이다. 이런 반야바라밀다의 진언은 일체의 괴로움을 제거해 주며, 진실하여 헛됨이 없다."라는 뜻이 됩니다.

일반적으로 주문은 비를 내리게 하거나 병을 낫게 하거나 귀신을 물리치게 하는 등의 갖가지 효험이 있다고 믿고 있습니다. 그런데 이 경문에서는 반야바라밀의 주문은 진실하여 거짓이 없기 때문에 일체의 모든 괴로움을 없애 주는 효험이 있다고 합니다.

다시 말해 반야바라밀의 주문은 최고의 주문이라는 것입니다. 그것이 바로 '아제 아제 바라아제 바라승아제 보디 스바하' 라는 주문입니다.

최고의 진언,
아제 아제 바라아제 바라승아제

이제 슬슬 『반야심경』의 종착역에 도착했습니다. 『반야심경』의 마지막 경문은 '아제 아제 바라아제 바라승아제 보디 스바하' 입니다. 이 구절은 18자로 이루어진 아주 간단한 주문입니다.

주문은 주(呪), 신주(神呪), 밀주(密呪), 호신주(護身呪) 등의 다양한 뜻이 있습니다. 그리고 주문은 만트라(māntra)라고도 하는데, 만트라를 음사하여 만다라, 진실한 말이라는 의미로 진언(眞言)이라고도 합니다. 또한 진언은 유지·파악·기억 등의 의미를 가진 다라니(dhāraṇī), 모든 것을 지탱해 준다는 의미의 총지(摠持), 능히 기억하고 유지시켜 주기 때문에 능지(能持), 모든 악을 제거시켜 주는 의미로 능차(能遮)라고도 합니다. 그래서 진언은 경전의 핵심으로 무량한 부처님의 뜻을 총괄하고 일체의 공덕을 갖고 있음을 말하는 것입니다.

그런데 다라니와 진언을 구별하여 사용하는 경우도 있습니다. 예를 들면 내용이 긴 주문을 다라니, 주문의 길이가 몇 개의 음절로 이루어진 아주 짧은 것은 진언이라고 하여 구별하여 사용하는 경우도 있습니다.

이처럼 불교에서 진언은 심오하고 대단히 존귀한 의미를 가지고 있지만, 주(呪)라는 글자의 기존 이미지 때문에 주술로 이해하는 사람이 많습니다. 그리고 실제로 주문을 자기의 영리에 이용하는 사람들이 많아, 이런 이미지는 쉽게 바뀌기 힘들 것 같습니다. 그렇지만 진정한 불교도라면 주문〔진언〕의 바른 의미를 알고, 불법을 잘못 알고 있는 사람들을 부처님의 정법세계로 인도하는 것 또한 사명이라고 생각합니다.

하여튼 『반야심경』을 독송할 때 맨 나중에 '아제 아제 바라아제 바라승아제'를 외우는 것은 진언을 통해 부처님 가르침을 응축해서, 봉독자 자신의 진솔한 마음을 나타낸 것이라 할 것입니다.

경문에 대해 해설하기 전에 한 가지 추가하고자 합니다. 밀교에서는 부처님의 가르침을 현교 또는 현설(顯說)과 밀교 또는 밀설(密說)로 나눕니다. 현교란 글자 그대로 드러난 가르침입니다. 즉 대승불교의 여러 가지 가르침〔중관, 유식, 여래장 등〕입니다. 반면 밀교는 비밀스러운 가르침으로 바로 진언을 말합니다.

현교와 밀교를 『반야심경』에 적용시켜 보면 오온개공에서 무고집멸도〔사성제〕까지는 이른바 언어를 가지고 『반야심경』의 내용을 드러내어 설한 현교입니다. 반면 '아제 아제 바라아제' 라는 비밀스러운 가르침인 주문〔진언〕은 밀교입니다.

이처럼 『반야심경』은 현교와 밀교의 가르침을 융합한 경전입니다. 그래서 『반야심경』은 '아제 아제 바라아제 바라승아제 보디 스바하' 라는 주문 때문에 밀교의 영향을 받은 경전이며, 성립 시기도 4~5세기경이라고 추측하기도 합니다. 다시 경문으로 돌아가겠습니다.

즉설주왈

卽說呪曰

즉 주문〔진언〕을 설한다. 주문은

아제 아제 바라아제 바라승아제 모지 스바하

揭帝 揭帝 般羅揭帝 般羅僧揭帝 菩提 僧莎訶

입니다. 범어로는 가테 가테 파라가테 파라삼가테 보디 스바하(gate gate pāragate pārasaṃgate bodhi svāhā)라고 합니다.

이 주문을 굳이 번역하자면 "가는 자여! 가는 자여! 저쪽으로 가는 자여! 완전하게 저쪽으로 가는 자여! 깨달음이여 행복이 있어라."라는 뜻입니다.

이 구절은 진언, 즉 진실한 말(참말)입니다. 그래서 번역하지 않고 음사한 것입니다. '진언'은 문법적으로도 정상적인 범어가 아니라, 속어적(俗語的)인 용법이라서 여러 가지 의미로 번역할 수 있기 때문에 정확한 번역은 할 수 없습니다. 그리고 이 진언은 『반야심경』 본문의 내용을 총괄하고, 신비적으로 나타낸 것이기 때문에 예로부터 번역하지 않고 단지 음사하였습니다. 『반야심경』에 대한 주석서를 남긴 원측스님도 『반야심경』의 주문(아제 아제 바라아제 바라승아제 보디 스바하)에 대해 "이를 번역하면 효험을 잃기 때문에 범어로 둔다."라고 하였습니다.

이처럼 동북아시아에서 진언을 번역하지 않은 가장 큰 이유는 문법 체계가 전혀 다른 한자로 충분히 그 의미를 살릴 수 없기 때문이었습니다. 따라서 한역뿐만 아니라 티베트 역에서도 진언은 음사만 하고 내용은 번역하지 않았습니다. 한국불교에서도 옛날부터 진언은 그 자체로 큰 공덕이 있다고 믿어 번역하지 않고 암송하였습니다.

『반야심경』의 한역자인 삼장법사 현장스님은 '**오종불번**(五種不飜, 다섯 종류는 한자로 번역하지 않는다)'이라고 하여 중국말로 번역할 수 없는 것을 다섯 종류로 구분하였습니다.

첫째는 인도에는 있지만 중국에는 없는 사물, 즉 동물·식물·인명·지명 등입니다. 예를 들면 잠부(jambu)나무는 중국에 없는 나무입니다. 그래서 중국인은 염부수(閻浮樹)로 음사하였습니다.

사실 이것은 오늘날에도 문제가 됩니다. 지명이나 인명은 고유명사이기 때문에 그 나라의 발음대로 표기하면 됩니다만, 우리나라에 없는 식물이나 동물의 이름이 등장하면 어떻게 번역해야 할지 난감해집니다. 물론 그 나라의 발음대로 표기해 버리면 간단합니다만, 문제는 독자들이 그 식물이나 동물이 구체적으로 어떤 것인지 상상할 수가 없습니다. 그러므로 그것은 좋은 번역이라고 할 수 없습니다.

티베트에서도 11세기부터 본격적으로 티베트 어로 불전을 번역하기 시작했는데, 중국에서처럼 그들 역시 인도에는 있지만 티베트에는 없는 동물이나 식물을 어떻게 번역할지 고민이 많았습니다. 즉 티베트인은 생전에 보지 못한 '코끼리'나 '고래'를 어떻게 번역해야 할지 난감했습니다. 그래서 고민 끝에 코끼리는 '큰 소〔큰 야크〕', 고래는 '큰 물고기'로 번역했습니다. 물론 오늘날의 시각으로 보면 황당한 번역이라고 할 수 있습니다만, 그 당시에는 최선의 선택이었다고 생각합니다.

둘째는 하나의 말 속에 많은 의미를 포함하고 있는 말입니다. 예를 들어 바가바트(bhagavat)는 자재(自在), 치성(熾盛), 단엄(端嚴), 명문(名聞), 길상(吉祥), 귀존(貴尊), 세존(世尊) 등의 여러 의미가 있습니다. 이런 경우에도 번역하지 않고 단지 음사하였습니다. 구마라집스님은 바가바트를 세존, 현장스님은 『금강경』에서 바가범(薄伽梵)이라고 음사하였습니다.

셋째는 다라니〔진언〕와 같은 비밀스러운 어휘는 번역하지 않았습니다.

넷째는 옛날부터 습관적으로 사용한 것은 번역하지 않았습니다. 다시 말해 현장스님 이전에 음역이 정착화되어 굳어진 어휘는 번역하지 않았습니다. 예를 들면 아눗타라보디(anuttarabodhi)는 '아뇩다라 보디'로 차용하였습니다.

다섯째는 번역했을 때, 원어가 가지고 있는 본래 가치를 잃어버리는 경우에도 번역하지 않았습니다. 예를 들면 프라 쥬냐(prajñā)와 같은 심오한 의미는 번역하지 않았습니다. 물론 프라쥬냐를 '지혜'라고 번역할 수도 있습니다만, 왠지 가벼운 느낌이 듭니다. 아마도 지혜보다는 반야라는 말에 익숙한 탓도 있겠죠! 현장스님은 이런 5가지 종류에 해당되는 사항들은 번역하지 않고 음사하였습니다.

지금부터 이야기하고자 하는 반야의 주문도 '비밀'이라는 이유 때문에 현장스님은 번역하지 않고 범어를 발음대로 적었을 뿐입니다. 따라서 아무리 사용된 한자의 의미를 조사하여도 '주(呪)'의 의미를 이해할 수 없습니다.

앞에서 언급하였지만, 진언은 번역하지 않는 것이 불교의 오랜 전통이었습니다. 그렇지만 독자들의 이해를 돕기 위해 진언을 번역해 봅니다. 범어의 문법적인 설명이기 때문에 범어에 생소한 독자들께서는 거부감을 가질 수도 있겠습니다만, 아주 간단한 설명이기 때문에 끝까지 읽어 주시면 고맙겠습니다.

처음 등장하는 진언인 **'가테**(gate)' · '가테(gate), 즉 아제 (揭帝) · 아제(揭帝)'는 범어 '가다'는 뜻의 동사어근 √감(gam)

에서 파생한 것이며, 여기에 과거수동분사 형태인 '가타(gata, 갔다)'로 만들어진 것입니다. 그리고 '가타(gata)'를 여성명사 가타(gatā)로 만든 것입니다. '가테(gate)'는 '가타(gatā)'의 단수·호격으로 '가는 자여! 가는 자여!'라는 의미입니다.

그런데 '가테(gate)'에서 어미 '테(te)'에 대해 다른 해석도 가능합니다. 만약 '테(te)'를 '가타(gata)'의 처격(locative)으로 보면 '갈 때에'라는 의미가 됩니다. 즉 '가테(gate)'를 '가타(gata)'의 처격〔장소나 시간을 나타내는 격어미〕으로 해석하면

'갔을 때에, 갔을 때에, 저쪽에 갔을 때에, 완전하게 저쪽으로 갔을 때에, 깨달음이여! 행복이 있어라.'

는 의미가 됩니다. 또한 '가테(gate)'를 단순히 동사어근 √감(gam)의 과거수동분사로 해석하면 '도달했다'는 의미가 됩니다. 그래서 '가테(gate)'를 단순히 과거수동분사로 취급하여 주문을 해석하면

'도달했다, 도달했다, 저쪽에 도달했다, 완전하게 저쪽에 도달했다. 깨달음이여! 행복이 있어라.'

는 의미가 됩니다. 막스 뮐러는

Oh! wisdom, Gone, Gone, Gone to the other shore, landed at the other shore, svāhā

라고 영역하였으며, 에드워드 콘즈도 '가테(gate)'를 'gone'으로 영역하여, '감(gam)'의 과거수동분사로 해석하고 있습니다. 그런데 필자는 '가는 자여! 가는 자여!'라고 번역했습니다. 필자가 '가테'를 '가는 자여!'라고 번역한 것은 앞에서 설명했지만, 범어 문법적으로도 틀린 것이 아니며, 게다가 '가는 자여!'라고 번역하는 것이 독자들에게 편할 것 같은 느낌이 들었기 때문에 '가테(gate)'를 '가는 자여!'라고 번역하였습니다.

그리고 **파·라가테**(pāragate, 바라아제般羅揭帝)'는 '저쪽'이라는 뜻의 '파·라(pāra)에 '가다'는 동사원형 √감(gam)에서 파생한 것이며, 여기에 과거수동분사의 '가타(gata)'로 만든 형태입니다. '가타(gata)'를 여성명사로 만든 것이 가타(gatā)입니다. '파·라가테(pāragate)'는 여성명사 '파·라가타(pāragatā)'의 단수·호격이며, '저쪽(피안)으로 가는 자여!'라는 의미로 '피안', 즉 '깨달음의 세계로 간다'는 의미입니다. 또는 파·라가테는 '저쪽에 갔을 때에', '저쪽에 도달했다'로도 번역 가능합니다.

'**파-라 삼가테**(pāra-saṃgate, 바라승아제般羅僧揭帝)'는 여성명사 '파-라삼가타-(pārasaṃgatā)'의 단수 · 호격'으로, '파-라(pāra)'는 '저쪽(피안)', 접두사 '삼(saṃ)'은 '완전히', '가테(gate)'는 '가는 자'라는 뜻입니다.

그래서 '파-라 삼가테(pāra-saṃgate)'를 해석하면 '피안으로 완전히 가는 자여!'라는 의미입니다. 즉 범부가 부처의 세계에 도달하여 '부처가 된다'는 뜻입니다. 또는 '완전하게 저쪽으로 갔을 때에', '완전하게 저쪽에 도달했다'로도 번역 가능합니다.

그리고 '**보디 스와하**(bodhi svāhā, 菩提僧莎訶)' 중의 '보디(bodhi)'는 여성명사 '보디-(bodhī)'의 단수 · 호격으로, '깨달음이여!'라는 의미입니다.

'스와-하-(svāhā)'는 모든 진언〔다라니〕의 마지막에 반드시 붙는 것으로 소원 성취를 기원하는 기도의 말입니다. 굳이 번역하자면 '행복이 있어라!' 또는 '영원하여라!'는 의미입니다.

앞에서도 말씀드렸듯이, 구마라집스님은 『마하반야바라밀대명주경』이라고 할 만큼, 이 주문을 경전의 핵심으로 파악한 것 같습니다.

부
록

경전은 어떻게 만들어졌는가

『반야심경』을 읽기 위해 알아 두면 유용한 몇 가지를 말씀
드리겠습니다. 앞에서 함께 살펴본 『반야심경』도 경전입니다.
그래서 경전에 대해 대략적으로 알아보려고 합니다. 먼저 경
전이란 무엇이며, 경전은 어떻게 편찬되었으며, 어떤 경전이
있는지 등에 대해 간단하게 말씀드리겠습니다.

1) 경전이란 무엇인가

'경전'은 부처님의 가르침〔말씀〕을 기록한 것입니다. 범어
〔산스크리트어〕로는 '수트라'라고 하는데, '날실'이라는 의미
입니다. 날실이란 '세로로 놓은 실'을 뜻합니다. 어느 정도

연륜이 있는 분들이라면 알고 있으리라고 생각합니다만, 60년대 초반까지만 해도 시골에서는 집집마다 직접 옷감을 짜는 베틀이 있었습니다. 지금은 돌아가셨지만, 필자의 할머니는 틈나는 대로 직접 옷감을 짜셨는데, 옷감을 짤 때 늘 중심이 되는 실을 세로로 내려놓고 가로로 옷감을 짜 나갔습니다. 수트라란 바로 옷감을 짤 때 중심이 되는 세로 줄〔날실〕을 말하는 것입니다.

그렇다면 수트라를 중국인들은 어떻게 '경' 또는 '경전'이라고 번역하였을까요?

처음 불교가 중국에 전래되었을 때 중국인은 부처님의 말씀을 모은 수트라를 어떻게 번역해야 할지 고민에 빠졌습니다. 왜냐하면 중국인〔중화사상〕의 입장에서 보면 부처님은 이민족〔오랑캐〕 출신이기 때문입니다. 중국에서는 성인의 말은 영원히 변하지 않는 진리라고 규정하고, 그 가르침의 내용을 담은 책을 『시경』, 『서경』, 『역경』 등과 같이 '경'이라 이름 붙였습니다. 그래서 비록 부처님이 오랑캐 출신이지만 성인이기 때문에 수트라를 '경' 또는 '경전'이라고 하였던 것입니다.

또는 진리에 부합하거나 중생의 기질과 능력에 맞추었다

는 의미로 『반야심경』의 한역자인 현장스님은 '계경'이라고 번역하기도 하였습니다.

2) 경전의 편찬〔결집〕은 어떻게 이루어졌는가

그런데 경전은 인도에서 어떻게 편찬되었을까요? 아마도 독자들께서는 지금 우리들이 애독하고 있는 경전처럼 처음부터 부처님의 가르침이 문자화되었다고 생각하시는 분도 있을 것입니다. 하지만 지금 우리들이 보는 경전은 부처님이 입멸하시고 600여 년이 지난 후에 문자화된 것입니다.

그렇다면 문자화되기 이전에는 부처님의 말씀을 어떻게 전했을까요? 구전(口傳), 다시 말해 입에서 입으로 암송해서 후세에게 전했습니다. 인도인은 전통적으로 성스러운 것은 문자화하지 않고 암송해서 전했던 것입니다. 특히 인도인은 성스러운 성전의 가르침을 문자화하면 그 신비로움이 사라지거나, 성스러움이 천박하게 된다는 관습 때문에 암송이라는 전승방식을 통해 후세에 전했던 것입니다.

이런 전승 방식을 사자상전, 또는 사자상승이라고 합니다. 사자상전에서 사(師)는 스승, 자(資)는 제자, 상전(相傳)은 서로 이어받아 전한다는 뜻입니다. 따라서 스승이 제자에게 전해 주고 그 제자는 다시 제자에게 전해 준다는 뜻입니다. 사자상승(師資相承)이란 스승과 제자가 서로 이어간다는 뜻입니다. 이처럼 부처님께서 입멸하신 뒤에도 제자들은 각자 자신의 귀로 들은 부처님의 가르침인 경장과 율장을 각자가 분담해서 음률(音律)로써 암송하여 전승하였습니다.

그러면 부처님의 가르침을 모은 경전은 어떻게 탄생하였을까요? 처음으로 경전의 결집을 주도한 사람들은 부처님의 가르침을 직접 자신의 귀로 들은 비구들이었습니다.

비구란 '걸식하는 남자'라는 뜻의 팔리어 '빅쿠(bhikkhu)'를 음역한 것입니다. 현장스님은 『금강경』에서 비구를 필추(苾芻)로 음역하고 있습니다. 반면 비구니는 걸식하는 여자라는 뜻의 '비쿠니(bhikkhunī)'의 음역입니다. 다시 말해 출가자인 비구와 비구니는 오로지 유행하면서 걸식하는 자를 가리킵니다.

부처님께서도 깨달음을 얻은 후 입멸하시기 전까지 45년간 오로지 유행하면서 걸식하였습니다. 또한 부처님의 직제자들도 부처님의 가르침을 실천하고, 부처님께서 깨달음을 얻은 후 입멸하시기 전까지 45년간 오로지 유행하면서 걸식하였듯이 오로지 유행하면서 걸식하였습니다. 즉 평생을 걸식하면서 부처님의 가르침을 실천하기 때문에 우리들〔재가자〕은 그들에게 존경을 표시하는 것입니다. 만약 가사만 걸치고 부처님 법대로 실천〔수행〕하지 않는다면 그들에게 존경을 표시할 필요는 없겠죠.

한편 중국에서는 비구를 걸사, 포마라고도 합니다. 걸사(乞士)란 모든 생업을 끊고, 오로지 탁발로 몸을 유지하며, 법을 이어간다는 의미입니다. 포마(怖魔)는 마왕과 마구니(māra)를 두렵게 한다는 뜻입니다.

이처럼 부처님의 가르침을 온전히 실천하고 있던 비구들이 한자리에 모였습니다. 이 사건은 부처님께서 입멸한 지 4개월 뒤에 일어났는데, 부처님의 상수제자로서 두타제일이라고 일컬어지던 마하가섭의 주도 아래 500명의 비구들이 왕사성 근처 영취산 칠엽굴에 모였던 것입니다. 이 모임을 인도불교사에서는 제1차 결집이라고 합니다.

경장은 부처님을 25년간 그림자처럼 수행하면서 부처님의 가르침을 가장 많이 들었던 다문제일의 제자 아난다

(Ānanda, 한역: 아난阿難)가 암송하고, 율장(vinaya)은 부처님이 수계식을 거행할 때마다 곁에서 비구들의 머리를 깎아 주면서 계율의 가르침을 가장 많이 들었던 지계제일의 제자 우팔리(Upāli, 한역: 우바리優波離)가 암송하여 결집에 참석한 장로비구의 확인 작업을 거쳤습니다. 그래서 경전의 경장과 율장의 첫구에 등장하는 여시아문(如是我聞), 즉 '이와 같이 나에게 들렸습니다'의 나(我)는 다문제일의 아난다 존자와 지계제일의 우바리 존자를 가리킵니다.

여기서 독자 여러분이 한 가지 주목해야 할 것이 있습니다. 바로 **'결집**(結集)'이라고 하는 단어입니다. 결집은 인도 불교사에서 몇 차례 비구들에 의해 이루어집니다만, 북전문헌과 남전문헌 사이에 기록 차이가 있기 때문에 유의할 필요가 있습니다.

결집은 범어로 '상기티(saṃgīti)'라고 하는데, 한자로는 맺을 결(結) 자와 모을 집(集) 자로 번역하였습니다. 그런데 상기티(saṃgīti)란 접두어 '함께'라는 뜻의 '상(saṃ)'과 '암송하다·노래하다'라는 뜻의 '기티(gīti)'로 이루어진 단어입니다. 그래서 상기티란 '함께(saṃ) 암송하다(gīti)' 또는 '함께 노래하다' 는 뜻입니다.

　이것에 의하면 결집이란 현재와 같은 문서에 의한 편집회의가 아니라, 부처님의 가르침을 직접 귀로 들은 제자들이 모여 함께 암송하며 수정작업을 했다는 뜻입니다. 아마도 독자 여러분들께서는 암송해서 전하면 문자보다는 부정확하다고 생각하실지 모르겠습니다만, 사실은 문자보다 암송하여 전하는 것이 훨씬 더 정확합니다.

　지금은 고인이 되셨지만 명창 박동진 선생님께서 뉴욕의 카네기홀에서 6시간 동안 서서 「춘향전」을 공연한 적이 있었습니다. 그때 박동진 선생님께서는 「춘향전」의 한 구절도 틀리지 않고 완창하였다고 합니다. 이것이 가능한 것은 '창' 이 일정한 운율에 따라 부르는 노래이기 때문에 가능한 것입니다. 부처님의 제자들도 일정한 운율에 따라 부처님의 가르침을 암송하였기 때문에 가능하였던 것입니다.

　이런 방식은 후대에 편집된 대승경전이나 논서도 동일합니다. 예컨대 유식의 대성자인 세친보살이 지은 『유식삼십송』은 하나의 게송이 대체로 32음절의 모음으로 이루어져 있습니다.

　이처럼 인도인이 엄격하게 운율을 정한 것은 암송하기 편하도록 하기 위한 것입니다. 그래서 인도는 암송문화가 발전하였으며, 지금도 힌두교의 선생들은 힌두교 성전을 모두 암송하고 있습니다. 또한 이런 방식은 오언절구 또는 칠언절구라고 하여 중국 한시에도 그대로 등장합니다.

이와 같이 인도의 불교도는 부처님의 가르침을 문자화하기 이전까지 약 600년 동안 암송의 전통을 지키고 있었습니다. 이런 전통은 7세기 중엽까지 계승되었던 것으로 보입니다.

『대당서역기』의 저자 삼장법사 현장스님(600~664)은 인도 최대 불교 사원이었던 나란다 사원에서 유학생활을 하였는데, 당시 나란다 사원에서는 불경을 빌려주는 대신에 그 경전을 외우는 스승〔선생〕을 파견하였다고 기록하고 있습니다.

다음으로 유의해야 할 것은 모든 경전의 첫머리에 반드시 등장하는 **여시아문**(如是我聞)이라는 말입니다. 여시아문은 범어 '에밤 마야 스루탐(evam mayā śrutam)'의 한역입니다. 에밤(evam)은 여시(如是), 마야(mayā)는 아(我), 스루탐(śrutam)은 문(聞)의 한역입니다. 그래서 우리들은 '여시아문'을 '이와 같이 나는 들었습니다' 또는 '이와 같이 나는 들었노라'고 하여 능동 문장으로 번역합니다.

그런데 우리들이 '들었습니다' 또는 '들었노라'고 번역한 한자의 '들을 문(聞)'자는 수동의 의미가 있습니다. 게다가 범어 '스루타(śruta)'는 동사어근 스루(√śru)의 과거수동분사입니다. 그래서 '스루타(śruta, 한역: 문聞)'를 '들렸습니다'라고 수동〔피동〕으로 번역하는 것이 보다 정확한 번역입니다. 그렇지만 한글은 피동문보다는 능동문을 선호합니다. 물론 피동문을 쓰기도 하지만 그리 흔한 것은 아닙니다. 게다가 한글은 피동문으로 번역하면 어색한 문장이 되거나, 행위의 주체가 잘 드러나지 않아 뜻이 모호해지기 때문에 가능한 한 능동문으로 해석하는 것이 자연스러운 문장이 됩니다.

피동문으로 된 외국어를 능동문의 한글로 번역할 때 주의를 해야겠지만, 특히 피동문으로 된 한역이나 범어 문장을 능동형으로 번역하면 중대한 오류를 범하게 됩니다. 만약에 '여시아문'을 평소의 습관대로 능동형으로 번역하면, 문장의 주체가 부처님이 아닌 아난다가 되어 버립니다.

어디까지나 우리〔아난다〕에게 가르침〔진리〕을 설하신 분은 부처님입니다. 따라서 여시아문의 주체는 아난다가 아니라 부처님입니다. 다시 말해 부처님이 우리〔아난다〕에게 진리를 설해 주셨기 때문에 우리〔아난다〕는 단지 수동적으로 부처님의 가르침(진리)을 들을 수 있었을 뿐입니다. 그러므로 한글 문장으로는 어색하지만, 여시아문을 필자는 '(부처님께서 설하신 가르침이) 나에게 이와 같이 들렸습니다'라고 번역하는 것이 타당하다고 생각합니다.

그렇지만 언어(말)는 살아 움직이는 생명체와 같습니다. 그래서 현재 사용하는 말이 어법적으로 맞지 않더라도 그것을 잘못되었다고 말할 수는 없는 것입니다. 단지 어법적으로 잘못되었다고 지적할 수 있을 뿐입니다. 그럼에도 불구하고 필자는 아직까지 여시아문을 '이와 같이 나에게 들렸습니다'라고 번역하고 싶어집니다. 필자는 대학에서 글쓰기와 논술에 관계되는 강의를 하고 있는데, 이 책을 수강생이 읽었다면 뭐라고 말할지 약간 걱정되기도 합니다.

그런데 부처님께서 입멸하신 지 100년 후에 바이샬리(vaiśāli, 현재 베나레스)의 비구가 10항목(十事)을 엄밀히 지키지 않았다고 하여, 서방의 비구(현재 파키스탄)들과 논쟁이 벌어져 '제2차 결집'이 열렸습니다. 십사란 승단의 출가자가 지켜야 할 10가지 규율을 말합니다.

예를 들면 출가자가 뿔로 만든 그릇에 소금을 넣어 휴대하고, 소금기가 없는 음식에 뿌려서 먹는 것이 좋은가, 그른가. 수행자는 정오가 지나면 식사를 해서는 안 되는데, 정오를 지나 해 그림자가 손가락 두 마디를 지난 시간까지 식사를 연장하여도 좋은가, 그른가. 한번 탁발하여 충분히 공양을 하였음에도 불구하고 다시 마을에 들어가 초대받은 식사에 가도 좋은가, 그른가. 금 또는 은을 받는 일이 좋은가, 그른가 등이었습니다.

십사는 출가자들의 실제 생활에 관계하는 문제이지만, 마지막의 금전 문제는 불교 교단사에 중요한 의미를 가지는 문제였습니다. 논쟁의 진위를 가리기 위해 700명의 장로가 바이샬리에 모였습니다. 이때에 십사는 계율〔부처님의 가르침〕에 위배된다고 하여 장로비구들에 의해 부정되었습니다. 비구의 250계 중 특히 문제가 되었던 것은 금지항목에 들어 있던 금·은으로 보시를 받는 것에 대한 의견 차이였습니다. 그러나 의견의 일치를 보지 못하고 불교교단은 보수적인 '상좌부'와 진보적인 '대중부'로 분열하였습니다. 이것을 인도 불교사에서는 '근본분열(根本分裂)'이라고 합니다.

불교교단의 분열은 한마디로 말하면 계율을 완화하자는 주장〔예외를 인정하자는 측〕과 계율을 엄격하게 적용하자는 주장의 대립이었습니다. 요즈음 말로 하면 진보파와 보수파의 대결이었습니다. 그 결과 엄격하게 계율 이행을 주장한 자들의 승리로 막을 내렸습니다. 보수파의 승리는 이미 예상된 것입니다. 왜냐하면 십사의 옳고 그름을 판정하는 사람은 보수적인 입장의 장로들이었습니다. 수적으로 진보파가 많을지 모르지만 현실적으로 불교교단을 지배하고 있는 것은 보수적인 장로들입니다. 이런 현상은 오늘날의 불교교단이나 종교집단뿐만 아니라 현실사회에서도 자주 일어나는 일이기 때문에 크게 놀랄 일은 아닙니다.

그런데 여기에는 중요한 역사적 사실이 있습니다. 바로 금전상의 이해관계입니다. 이 역사적 사실에서 우리들은 부처님 시대나 오늘날이나 분열을 조장하는 것은 '금전상의 이해관계'가 중요한 원인이라는 것을 알 수 있습니다. 이런 이유 때문에 부처님께서는 출가자의 일상생활이나 수행에 대해 엄격하게 규제하고 있습니다. 특히 금은으로 보시를 받거나 지참하는 것을 금지시켰습니다. 그래서 남방불교에서는 지금도 출가자는 돈(현금)을 지참하거나 관리하는 것을 엄격하게 금지하고 있습니다. 다시 말해 출가자는 세속적인 문제에 관여하지 말고 오로지 수행에만 전념하라는 부처님의 가르침을 온전히 실천하고 있습니다.

부처님의 가르침을 온전하게 실천하는 자를 우리들은 비구라고 부릅니다. 그리고 그들에게 우리들은 공양을 하고 존경을 표시합니다. 만약 출가자가 부처님 법대로 살지 않는다면 존경할 필요가 없는 것입니다. 성철스님의 표현을 빌리면, 출가자들이 '밥값〔수행〕'을 제대로 하지 않고, 세속에 물들어 있는 자라면 존경할 필요가 없는 것입니다. 오늘날 출가자들의 모습을 보면서 성철스님의 말씀을 필자는 "출가자들이여! 제발 밥값 좀 하고 삽시다."라고 바꾸고 싶습니다.

근본분열을 일으킨 대중부·상좌부는 수세기에 걸쳐 분열을 반복하여 18부파 내지 20부파가 되었습니다. 이것을 '**지말분열**〔支末分裂〕'이라고 합니다. 북전문헌에는 기록이 없습니다만, 팔리문헌〔남전문헌〕에는 마우리야(mauriya) 왕조의 3번째 군주인 아쇼카 왕 시대에 3차 결집, 카니시카 왕 시대에 4차 결집이 이루어졌다고 합니다.

3) 아함경은 어떻게 편찬되었는가

부처님이 입멸하시고 불교교단이 근본분열을 거쳐 여러

부파로 분열하자, 각 부파는 그들 나름대로 경전〔부처님의 가르침〕을 편찬하기 시작하였습니다.

경전의 편찬 형식은 아주 간단한 방식이었습니다. 부처님의 제자들은 경전의 내용을 긴 것〔長아함경〕, 중간 정도의 것〔中아함경〕, 짧은 것〔短〕의 세 종류로 분류하였다. 이 중에 짧은 것은 다시 두 가지로 분류하였는데, 첫째는 내용에 따라 분류한 것〔雜아함경〕이고, 둘째는 불교의 독자적인 법수(法數)에 따라 분류 정리한 것〔增一아함경〕입니다. 이와 같이 분류한 경전을 아가마(Āgama)라고 하는데, 한역에서는 아함(阿含)이라고 하였습니다. 그래서 우리들은 초기경전을 '아함경' 이라고 통칭하고 있습니다.

한역〔아함경〕에서는 경전의 내용이 긴 30여 개를 모은 것을 『장아함경』, 중간 정도의 길이 150여 개를 모은 것을 『중아함경』, 수천의 짧은 것을 내용적으로 모은 것을 『잡아함경』, 법수에 따라 모은 것을 『증일아함경』이라고 하였습니다. 이것을 합쳐서 '사아함(四阿含)' 이라고 합니다. 이것을 팔리경전에서는 니카야(nikāya)라고 하는데 니카야는 '부(部)' 라는 뜻입니다. 그래서 사아함을 팔리경전에서는 각각 장부, 중부, 상응부, 증지부라고 부릅니다. 그리고 사아함 중에서도 오래되었지만 편집과정에서 누락된 경전과 나중에 성립한 새로운 경전이 추가되었습니다. 이것들은 별도로 제5아함이라고 하며, 팔리경전인 니카야에서는 소부(Khuddaka-nikāya) 또는 5니카야(pañca-nikāya)라고 합니다.

『장아함경』에 수록된 대표적인 경전으로는 재가자들의 윤리를 설하고 있는 「선생경(善生經)」, 부처님 당시의 외도사상을 설하고 있는 「범동경」, 진정한 사문의 길을 밝히고 있는 「사문과경」, 부처님의 입멸 전후에 대해 자세하게 설하고 있는 「유행경(대반열반경)」 등이 수록되어 있습니다.

『중아함경』에는 우리들에게 잘 알려지고, 친숙한 경전이 수록되어 있습니다. 예를 들면 형이상학적인 사변보다는 고(苦)의 소멸을 위한 실천의 중요성을 설한 것으로 유명한 「말룬키야소경」을 포함하고 있는데, 우리에게는 '독화살의 비유(한역 : 전유경)'로 더 잘 알려져 있습니다. 또한 극악무도한 앙굴리말라가 부처님과의 만남을 통하여 출가하는 과정을 기록한 「앙굴리말라경」 등이 수록되어 있습니다.

『잡아함경』은 설일체유부(說一切有部)에 속하는 한역경전으로 1362개의 짧은 경전을 수록하고 있으며, 『증일아함경』은 법수(法數)와 관계시켜 2198경을 1법부터 11법으로 정리하였습니다. 그리고 제5아함은 법정스님의 번역으로 잘 알려진 『법구경』과 『경집(숫타니파타)』, 장로 비구와 장로 비구니들의 가르침을 기록한 『장로게(테라가다)』와 『장로니게(테리가티)』, 부처님의 전생 이야기를 기록한 『본생담(자타카)』 등을 포함하고 있습니다.

그런데 동북아시아의 대승불교권에서는 '교상판석'의 입장에서 아함경을 소승의 가르침으로 초보적인 교설로 간주하여 무시하는 경향이 있었습니다.

천태대사 지의는 오시교(五時敎), 즉 화엄시(화엄경), 녹원시(아함경), 방등시(유마경·승만경 등), 반야시(반야경), 법화열반시(법화경·열반경)로 부처님의 가르침을 구분하였습니다. 또한 화엄종에서는 5교, 즉 소승교, 대승시교, 대승종교, 대승돈교, 대승원교로 구분하였습니다. 소승교는 소승불교(아함경), 대승시교는 법상종과 삼론종, 대승종교는 천태종(능가경·대승기신론), 대승돈교는 『유마경』, 대승원교는 화엄종으로 부처님의 가르침을 구분하기도 합니다.

이처럼 중국불교에서 부처님의 가르침을 각자 자기 종파적으로 해석하여 구분짓는 것은 문제가 많다고 생각합니다. 이제는 이런 편협한 시각에서 벗어나 말로만 '대승'이라고

자처하지 말고 진정한 대승의 길로 나아가야 할 시기라고 생각합니다.

역사적으로 볼 때 아함경은 부처님의 근본적인 가르침을 수록한 경전입니다. 따라서 부처님의 가르침에 의하지 않고서는 불교를 알 수 없듯이 아함경을 통하지 않고서는 불교를 알 수 없습니다. 지금까지 우리들은 불교를 대승경전이나 후세에 작성된 불전에 의지해 이해하여 왔습니다. 그러나 아함경을 읽지 않고서는 부처님의 가르침을 이해할 수 없을 것입니다. 이런 이유 때문인지 최근 한국불교계에서도 초기경전인 아함경의 중요성을 인식하여, 많은 사찰이나 불교대학에서 아함경에 대한 법문이나 강의가 개설되고 있다는 소식을 듣고 있습니다. 필자는 아주 바람직한 현상이라고 생각합니다.

특히 아함경의 중요성을 인식하신 故 법정스님께서는 일찍부터 『법구경』과 『경집(숫타니파타)』을 한글로 번역하여 어디를 가시던지 늘 지참하고 다녔을 뿐 아니라, 많은 불교도에게도 삶의 지침서로 삼게 하였다고 합니다. 필자도 『법구경』과 『경집』을 침대 가까이나 화장실에 비치하여 늘 애독하고 있을 뿐만 아니라, 학생들에게 선물하기도 합니다. 중국인과 유태인이 『논어』와 『탈무드』를 늘 가까이에 두고 애독하면서 삶의 지침서로 삼고 있듯이, 독자들께서도 『법구경』과 『경집』을 늘 가까이에 두고 읽으면서 삶의 지침서로 삼기를 바랍니다. 잠시 생전에 법정스님께서 가장 애독하셨던 『법구경』의 경구를 인용해 봅니다.

"홀로 걸어가고, 게으르지 않으며, 비난과 칭찬에도 흔들리지 않고, 소리에 놀라지 않는 사자처럼, 그물에 걸리지 않는 바람처럼, 진흙에 더럽히지 않는 연꽃같이, 무소의 뿔처럼 혼자서 가라."

이 구절에 대한 부처님의 가르침을 필자 나름대로 이해한 것을 적어 보면 다음과 같은 내용이라고 생각합니다.

인생의 동반자나 함께 공부하는 도반도 없이 홀로 살아가는 것은 어려운 일입니다. 그렇지만 부처님께서는 우리들에게 홀로 가라고 말씀하고 있습니다. 그래서 부처님께서는 제자들에게 전도를 명령하면서

"수행자들(비구들)이여! 유행하라. 많은 사람의 행복을 위

해, 많은 사람들의 안락을 위해, 세계를 위해서라고 생각하고,
인간과 신들의 이익·행복·안락을 위해 두 사람이 함께 가서
는 안 된다."

라고 말씀하셨던 것입니다. 누구나 게으르고 방일하게 지내
고 싶은 것이 인간의 마음입니다. 그런데 부처님은 열심히
정진(노력)하라고 말씀하십니다. 게다가 인간은 누구나 타인
으로부터 칭찬받는 것을 좋아하고, 남으로부터 비난받는 것
을 싫어합니다. 그런데 부처님은 남의 비난과 칭찬에도 초연
하라고 합니다. 마치 동물의 왕인 사자가 작은 소리에 겁먹
거나 두려워하지 않는 것처럼, 자유분방하고 거리낌 없는 바
람처럼, 더러운 진흙탕 물에서도 고고하게 꽃을 피우는 연꽃
처럼, 그렇게 인생을 살라고 충고합니다.

　이 가르침은 욕망과 집착에 물들어 있는 인간에게는 무척
실천하기 어려운 일입니다. 게다가 오염된 세상에 태어나 연
꽃처럼 오염되지 않고 살기란 더욱 힘듭니다. 그렇지만 부처
님은 이 어려운 일을 실천하라고 우리에게 설파하고 있습니
다. 다시 말해 분별없는 영원한 대자유인이 되라고 하십니다.

　언제쯤 우리들은 부처님의 가르침대로 살 수 있을지!

4) 대승경전은 어떻게 편찬되었는가

기원 전후 불교 내부에서 새로운 불교 운동이 일어났습니다. 바로 대승불교 운동입니다. 이 새로운 불교는 초기불교에서 경전을 편찬하였듯이 경전을 제작하기 시작합니다. 대승불교는 초기불교나 부파불교 시대보다 장기간에 걸쳐 방대한 분량의 경전을 제작하기 시작합니다. 그래서 대승불교의 역사를 '경전 제작의 역사'라고 정의하는 학자도 있습니다. 그렇지만 대승불교는 전통적인 경전 전승법인 사자상승 또는 사자상전을 유지할 수가 없었습니다.

대승불교는 초기불교나 부파불교에서 전승되어 온 사자상승의 암송에 의한 전승법과는 전혀 다른 전승 방법을 채택하였습니다. 왜냐하면 새롭게 일어난 대승불교에서는 전통을 가진 초기불교나 부파불교와 같은 출가자가 없었기 때문입니다. 그래서 부처님의 가르침을 계승하고, 전승할 새로운 방법을 찾지 않을 수 없었습니다. 그 결과 경전의 수지(受持)나 독송을 강조하고, 또한 사경의 공덕이나 경의 공양을 중요시하는 생각이 등장하였습니다. 특히 대승불교에서는 경전 사경의 공덕을 설하거나 경전 공양의 의의를 강조하여 대승경전을 널리 전승·유포하고자 했습니다. 이런 대승불교의 경전 전승법을 가장 충실하게 반영한 경전은 『법화경』이라고 할 수 있습니다.

앞서 말했듯이 부처님의 가르침은 직접 자기 귀로 들은 직제자들에 의해 경전(Āgama)으로 정비되었습니다. 이후에도 수많은 경전이 편찬되었는데, 초기불교로부터 부파불교에 걸쳐 정리·편찬되는 한편 대승불교운동에 의해 새로운 경전이 계속해서 제작되었고, 급기야 밀교 경전에 이르게 되었습니다.

불교가 전파되거나 유포한 지역에서도 이러한 편찬 방식이 계승되었습니다. 게다가 한자문화권인 중국에서는 한역을 모방하여 한자로 경전이 작성된 경우도 적지 않았습니다. 이런 경전을 진경(眞經)과 대비시켜 위경(僞經)이라고 합니다.

대승경전 중에서 진경이란 지역적으로는 인도 및 인도 주변에서 제작된 것이고, 언어적으로는 범어나 팔리어로 기록된 경전을 말합니다. 이에 반해 위경은 인도 이외, 특히 중국에서 불설을 차용하여 위작(僞作)된 경전을 말합니다. 중앙아시아나 서역에서 제작된 것은 인도와 내용이 결정적으로 다른 점이 없기 때문에 위경이라고 부르지 않습니다.

중국에서는 위경이 계속해서 늘어나 당나라 시대에는 위경이 400부에 이르렀습니다. 그리고 한국이나 일본에서 제작된 위경도 있습니다. 특히 한국에서는 『부모은중경』과 같은 위경이 널리 애독되고 있는 것이 현실입니다.

그리고 의경이라는 것도 있습니다. 이것은 위경인지 진경인지 확정할 수 없는 경우, 즉 다소 의심스럽다는 의미에서 이렇게 부릅니다. 의경은 불교 본래의 교설과 상치되는 교설을 포함하고 있는 것입니다.

경전을 이와 같이 진경, 위경, 의경으로 구분하는 것은 학문적으로 중요한 의미가 있다고 생각합니다만, 신앙적인 측면에서 접근하면 진경, 위경, 의경의 차이는 없다고 필자는 생각합니다. 그렇지만 역사적 사실에 관해서는 분명한 시각을 가질 필요가 있습니다. 이런 의미에서 부처님의 핵심 가르침인 '삼법인'과 상치되는 가르침은 불교로 보기 어렵다고 필자는 생각합니다.

경전을 일반적으로 '팔만사천법문', '팔만대장경' 또는 '대장경'이라고 합니다. 이 말은 헤아릴 수 없으며, 측정할 수 없는 부처님의 가르침을 상징적으로 표현한 말입니다. 부처님께서 실제로 설한 것은 직접 체험한 진리인 법과 교단의 규율인 율이었습니다.

그리고 부처님께서 입멸하신 후 불제자들의 기억 속에 있던 교설들이 모여 '이와 같이 나에게 들렸습니다. 어느 때 부처님……' 이라는 정형구로 시작하는 경전이 되었습니다. 그리고 '여시아문'과 더불어 경전의 제목을 「불설……경」이라는 것도 경전의 기본적인 형식이 되었습니다.

이처럼 불교경전은 마치 살아 있는 듯이 부처님의 가르침을 직제자들이 그의 귀로써 실제로 들었다는 형식을 취하고 있습니다. 또한 경전의 말미에는 '문불소설 개대환희 신수봉행(聞佛所說 皆大歡喜 信受奉行, 부처님의 말씀을 듣고 모두 크게 환희하고 신수봉행하여……)'이라는 환희봉행의 문장으로 끝납니다. 이것은 초기경전인 아함경뿐만 아니라 대승경전에 이르기까지 모든 경전에 공통하는 일반적인 형식이었습니다.

그런데 중국불교에서는 경전에 대한 전반적인 구성이나 내용을 이해하고 파악하기 위한 유력한 경전 해석법이 등장합니다. 즉 과문(科文) 또는 과단(科段)입니다. 이것은 경전의 내용을 부분적으로 구분하고 분해하여 단락마다 의미를 요약한다든지 전후관계를 명시하는 방법입니다.

이 중에서 경전의 기본 구성을 크게 나누는 방법은 '삼분 과경(三分科經)', 이른바 서분(序分), 정종분(正宗分), 유통분(流通分)입니다.

서분은 경의 유래나 서술 목적을 기술한 경의 첫 부분으로, 요즘말로 하면 서론에 해당합니다. 정종분은 경전 중의 주요 교설을 설한 부분으로, 경전 내용의 대부분을 차지합니다. 현대말로 하면 본론에 해당됩니다.

유통분은 경전의 말미에 첨가되는 것으로, 경전의 가르침을 후세에 널리 유포, 전파하기 위한 불제자나 보살에게 수여하는 것을 나타낸 부분입니다. 또한 유통분에서는 경전의 이익과 공덕을 강조하고 경전에서 설한 것을 찬양하고 찬탄합니다. 그리고 유통분의 마지막에는 성문·보살·대중들 모두가 부처님의 가르침을 듣고 크게 기뻐하고, 신수봉행하는 '환희봉행문'으로 끝을 맺습니다. 유통분은 현대말로 하면 결론에 해당되는 것입니다. 이런 분류법은 경전뿐만 아니라 한역 『유식삼십송』이나 『대승기신론』 같은 논서에도 그대로 적용되었습니다.

그런데 서분(서론)의 서두에 경전이라는 것을 증명하기 위해 반드시 갖추어야 할 형식으로 '6개의 조건', 즉 육성취

(六成就)는 필수적인 요건이었습니다. 육성취란, 신성취, 문성취, 시성취, 주성취, 처성취, 중성취 등입니다.

'이와 같이〔如是〕' ― 신성취(信成就)

'나에게 들렸습니다〔我聞〕' ― 문성취(聞成就)

'어느 때〔一時〕' ― 시성취(時成就)

'부처님 또는 부처님은' ― 주성취(主成就)

'어디, 어디에 계셨다' ― 처성취(處成就)

'누구, 보살 등이 있었습니다' ― 중성취(衆成就)

그리고 육성취에 이어서 서분에는 설법의 장소에 모인 사람들이 소개되는데, 대승경전은 일반적으로 성문승·보살승·대중의 순서로 소개됩니다. 대표적인 성문승으로는 사리자, 목련, 가섭 등의 유명한 제자들의 이름이 열거되는 것이 일반적입니다. 보살승은 문수보살·미륵보살 등의 대승보살의 이름이 열거됩니다. 대중은 제석천과 범천이 대표로 등장합니다.

이처럼 중국불교에서는 경전의 내용이나 구성을 삼분과경에 기초하여 분석하고 정리하였습니다. 삼분과경은 비록 중국인의 경전 분류 방식이지만, 부처님의 가르침을 체계화시키고 내용을 파악하는 데 대단히 편리한 방식입니다.

지금까지 설명한 것에 대한 독자 여러분들의 이해를 돕기 위해 하나의 예문을 제시하고자 합니다. 대승경전의 형식 체제를 가장 잘 갖추고 있으며, 대한불교조계종의 소의경전인 『금강경』의 형식을 살펴보도록 하겠습니다.

『금강경』의 첫 구절은 다음과 같이 시작합니다.

如是我聞 一時 佛在舍衛國祇樹給孤獨園 與大比丘衆千二百五十人俱 爾時 世尊食時 著衣持鉢 入舍衛大城乞食 於其城中 次第乞已 還至本處 飯食訖 收衣鉢 洗足已 敷座而坐 時 長老須菩提在大衆中卽從座起 偏袒右肩 右膝著地 合掌恭敬而白[1]佛言

이 경문을 한글로 해석하면 다음과 같습니다.

이와 같이 나에게 들렸습니다.

---

1) 백(白)은 '말하다' 의 존칭어이다

한때 부처님께서 사위국 기수급고독원[2]에 계셨는데, 대비구들 1250인[3]과 함께 하셨다.(증신서) 그때 세존께서 식사(공양)를 하실 때라(아침) 옷을 입으시고 발우[4]를 가지고 사위대성에 들어가 그 성 중에서 차례로 걸식(乞食)하고서 본래의 장

---

2) 기수급고독원(祇樹給孤獨園, Jetavana anāthapiṇḍada-ārāma) 기수((Jetavana) 중의 '기(Jeta)'는 당시 코살라국의 왕자인 'jeṭṛ(승리자, 전승자)'의 번역이다. '수(vana)'는 '숲'을 의미한다. 따라서 기수(祇樹)란 '제트리(제타) 왕자가 소유한 숲'이라는 의미이다.

급고독(Anāthapiṇḍada)이란 '의지처나 보호자가 없는 사람에게 음식을 주는 자(給孤獨)'라는 의미이다. 이것은 수닷타(sudatta, 須達, 須達多) 장자의 다른 이름이다. 수닷타 장자가 부처님에게 기증할 사원의 땅을 찾고 있었는데, 마치 제타왕자가 소유한 땅이 가장 좋은 후보지였다. 그는 그 땅을 구매하기 위해 왕자의 요구대로 땅위를 황금으로 깔았다는 이야기는 너무나 유명하다. 이 땅에 세워진 사원이 '기수급고독원'이며, 후대에 첫 자인 기(祇)와 마지막 자인 원(園)을 따라서 '기원정사(祇園精舍)'라고 하였다. 원(ārāma)이란 일반적으로 사원이라는 의미이다.

3) 초기경전에 보면 붓다의 전도활동이 본격적으로 시작되면서 많은 사람들이 불교에 귀의하게 되었다. 그중에 왕사성 근처에서 불의 신을 숭배하고, 그것에 의하여 최고의 경지를 얻었다고 하는 사람들이 있었다. 부처님께서는 그 집단의 지도자인 3명의 카사파(三迦葉) 형제를 교화한다. 그리고 그를 따르는 제자 1,000명도 부처님의 제자가 된다. 그리고 초전법륜에 등장하는 5비구 중의 한 명이었던 앗사지에게 교화를 받은 사리자와 목련, 그리고 그들의 동료였던 250명이 동시에 부처님의 제자가 된다. 불교경전에 자주 등장하는 1,250명은 바로 이들을 가리킨다. 따라서 이들 1,250명이 초기 불교교단의 중심인물임을 알 수 있는 것이다.

4) 가사(袈裟)와 발우(鉢盂). 보통 옷과 그릇을 말한다. 일반적으로 출가자가

소로 돌아와 식사(공양)를 마치고[5] 옷(袈裟)과 발우를 거두시고 발을 씻으신 후에 놓여진(지정된) 자리에 앉으셨다.(발기서)

그때에 장로[6] 수보리가 대중(많은 비구) 가운데에서 자리로부터 일어나 오른쪽 어깨에만 옷을 걸치고(오른쪽 어깨를 드러나게 웃옷을 입는다는 의미이다.)[7] 오른쪽 무릎을 (땅에) 대고 합장공경하며 부처님께 여쭈었다.

이처럼 경전은 가장 먼저 서분인 여시아문으로 시작하여,

외출할 때나 탁발을 할 때 소유하는 것이다. 가사는 보통 삼의일발(三衣一鉢)이라고 한다. 가사(袈裟)란 '카사야(kaşāya)'의 음사로 본래 색깔을 의미하였다. 본래 출가의 가사는 분소의(糞掃衣)였다. 분소란 공동묘지에서 시체를 쌌다가 버린 것을 주워 꿰매어 짜서 염색한 옷이다. 초기의 출가자들은 이처럼 철저하게 검소한 생활을 하였다.

발우(바리)는 공양받기 위한 그릇으로 당시에는 목칠기가 아닌 금속제로 만든 것이었다고 한다. 보통 탁발(걸식)시간은 아침 7시~9시 사이이며, 빈부귀천을 가리지 않고 차례대로 일곱 집을 돌아야 한다. 그러나 만약 일곱 집을 순회하여 먹을 만큼 음식을 얻지 못하면 그 날은 먹지 않는 것이 원칙이었다.

5) 흘(訖)은 '마치다. 그만두다'는 의미이다.

6) 장로(長老)란 범어 '아유스만(āyuṣmān, 생명이나 수명을 가진 자)'이다. 일반적으로 수행을 높이 쌓았고 나이가 많은 수행자를 가리킨다. 현장스님은 구수(具壽)로 번역하였다. '아유스만(āyuṣmān)'은 대개 '대덕(大德)' '존자(尊者)' '혜명(慧命)' 등의 의미를 가지고 있다.

7) 현장스님은 '편단일견(偏袒一肩)'이라고 번역하였다.

육성취, 즉 '어느 때 부처님께서는 사위성 기수급고독원에서 1250명의 비구와 함께 계셨다' 가 이어집니다. 또는 『금강경』 처럼 서분을 증신서와 발기서로 구분하는 경우도 있습니다.

그리고 부처님께 가르침을 설하기를 청하는 대고자(수보리) 순서로 기술하여 본문인 정종분으로 들어갑니다. 그리고 『금강경』의 마지막 경문에는 유통분이 등장합니다. 『금강경』 의 유통분은 다음과 같습니다.

佛說是經已 長老須菩提及諸比丘 比丘尼 優婆塞 優婆夷

一切世間 天 人 阿修羅 聞佛所說 皆大歡喜 信受奉行

이 유통분을 해석하면 다음과 같습니다.

부처님께서 이 경의 설하심을 마치셨다. 장로 수보리 및 모든 비구·비구니·우바새·우바이, 일체 세간의 천인·인간·아수라들이 부처님께서 설하신 것을 듣고 모두 크게 환희하고 즐거워하며 이(금강경)를 받들어 믿고 행하였다.

이처럼 부처님의 가르침을 듣고 모든 중생들이 기뻐하고,

즐거워하며, 이 경전을 믿고 실천하겠다는 유통분으로 대단
원의 막을 내립니다. 물론 『반야심경』처럼 예외적인 경전도
있습니다만, 모든 경전은 기본적으로 일정한 형식을 갖추어
편찬되었다는 것을 알 수 있습니다.

이제 대승경전을 3시기로 구분하여 살펴보도록 하겠습니
다. 대승경전의 성립은 크게 3시기로 나눕니다.

첫 번째 시기는 경전 제작으로부터 중관사상의 창시자인
용수보살(150~250)의 시대까지입니다. 이른바 초기 대승경
전의 시기입니다.

두 번째 시기는 용수보살 이후 **무착보살**(Asanga, 395~470),
세친보살(Vasubadhu, 400~480)의 시대로 이른바 중기 대승경
전의 제작시기입니다. 이 시대에 제작된 경전은 논서적(論書
的)인 형태를 띠고 있는 것이 특징입니다.

세 번째 시기는 세친 이후부터 인도에서 불교가 멸망한 시
기〔후기〕까지로, 후기 대승경전의 제작 시기입니다. 이 시기
는 주로 밀교 경전이 제작되었으며, 연대적으로는 7세기에서
12세기까지입니다.

초기 대승경전 중에서 비교적 가장 빠른 시기에 편찬된 것
은 반야 경전들입니다. 반야 경전들은 『반야바라밀다심경(반

야심경)』처럼 공통적으로 '반야바라밀다'라는 제목이 붙어 있으며, 공통 주제도 '반야바라밀다(지혜의 완성)'이었습니다.

인도에서는 방대한 반야경전을 구별하기 위해 '게송 수'를 기준으로 하여 『삼백송반야』, 『팔천송반야』, 『일만송반야』와 같은 경의 제목을 붙였습니다.

중국에서는 게송 수의 구분법은 사용하지 않고 '마하반야바리밀다'를 음역하여 『대품반야경』이나 『소품반야경』이라고 하거나 또는 의역하여 『대명도(大明度)』라고 하거나 또는 처음에 등장하는 장명(章名)에 따라 『도행반야경』, 『방광반야경』 등으로 경의 제목을 정하여 분류하였습니다.

대표적인 반야경전으로는 대한불교조계종의 소의경전인 『금강반야바라밀경(금강경)』, 우리들이 법회를 볼 때 반드시 봉독하는 『반야바라밀다심경(반야심경)』이 있습니다. 또한 부처님의 깨달음을 세계를 꽃으로 비유한 『대방광불화엄경(화엄경)』, 부처님의 깨달은 진리, 즉 법을 연꽃에 비유한 『묘법연화경(법화경)』, 부처님의 화신인 유마거사를 통해 대승의 뛰어난 점을 설한 『유마경』, 아미타불의 신앙을 바탕으로 성립한 정토삼부경(『무량수경』, 『관무량수경』, 『아미타경』) 등입니다.

중기 대승경전은 크게 여래장 계통과 유식 계통으로 구분할 수 있습니다. 여래장 계통으로는 승만이라는 재가 여성을 등장시켜 모든 중생은 불성을 가졌다고 설한 『승만경』, 일체 중생 실유불성을 주장하지만, 일천제〔불가촉천민〕는 성불의 가능성을 배제한 『대승열반경』 등이 있으며, 유식 계통으로는 여래장과 유식사상의 통합을 도모한 『능가경』, 유식사상의 소의경전인 『해심밀경』 등이 있습니다.

후기 대승경전은 주로 밀교경전이 해당되는데, 대표적인 밀교경전으로는 『대일경』, 『금강정경』 등이 있습니다.

5) 불교의 가르침을 담고 있는 경·논·소 그리고 어록

불교의 문헌, 즉 대장경은 크게 4가지로 나눕니다. 부처님의 가르침을 기록한 경장(經藏)과 상가의 규범을 기록한 율장(律藏), 후대에 용수나 세친과 같은 보살이 부처님의 가르침을 해설한 주석서인 논장(論藏)입니다. 이것을 삼장(三藏)이라고 합니다. 그래서 중국에서 경·논·율에 뛰어난 분을 삼장법사라고 존칭합니다. 대표적인 인물로는 삼장법사 구마라집·진제·불공·현장 등입니다.

먼저 경장은 부처님이 제자에게 직접 설한 가르침을 후대에 정리한 것으로 3가지 기술형식이 있습니다. 첫 번째는 부처님이 직접 설한 가르침입니다. 이것은 말 그대로 붓다의 말을 기록한 형식을 띠고 있습니다. 예를 들면 대본『반야심경』의 "그대로다 그대로다 훌륭한 젊은이여!"라는 구문이 첫 번째 경우에 해당됩니다.

두 번째는 부처님이 보살이나 제자들에게 영감을 주어, 부처님 대신에 보살이나 제자가 가르침을 설하는 것으로, 이른바 가지(加持)된 가르침입니다. '가지'란 '서다, 지배하다'라는 동사 아디스타(adhṣṭha)에서 파생한 중생명사 '아디스타나(adhiṣṭhāna)'의 한자 번역으로 '입장'이나 '지배력' 등의 의미가 있습니다만, 불교에서는 중생을 지켜 주기 위해 '부처님께서 가진 특수한 힘'으로 해석하여 '가호(加護)'나 '호념(護念)' 등으로 한역하기도 합니다.

그런데 앞에서 말한 가지란 부처님이 설법하는 장소에서 삼매〔마음을 대상에 집중한 깊은 명상〕에 들어 그 공덕이 법회에 참석한 제자나 보살에게 미치는 것을 말합니다. 그러므로 가지하는 분은 부처님이고 가지를 받는 자는 법회에 참석한 제자나 보살 또는 우리들입니다.

소본 『반야심경』에는 '가지'의 장면이 없습니다만, 대본 『반야심경』에는 '가지'가 등장합니다. 부처님의 설법을 듣기 위해 모인 제자나 보살 중에서 대자비의 상징인 관자재보살을 부처님이 선택하여 부처님 대신에 가르침을 설하도록 한 것입니다. 그러므로 관자재보살의 가르침은 바로 부처님의 가르침입니다.

세 번째는 부처님을 대신해 보살이나 제자가 말한 것, 즉 부처님에 의해 인가된 가르침입니다. 이것은 부처님의 허가를 받아 제자들이나 보살들이 나중에 정리한 것으로, 모든 경전과 대본 『반야심경』에 등장하는 '육성취'나 '환희봉행문'이 이에 해당합니다.

그리고 논서는 앞에서도 언급하였지만 경전에 기록된 부처님의 가르침을 풀어서 알기 쉽게 해설한 것으로 보살들이 저술한 것입니다. 예를 들면 용수보살의 『중론』, 마명보살의 『대승기신론』, 무착보살의 『섭대승론』, 세친보살의 『유식이십론』, 『유식삼십송』 등입니다.

한편 동북아시아에서는 논서에 대해 뛰어난 학승〔선지식〕이 해설한 '소(疏)'가 있습니다. 예를 들면 마명보살이 저술한 『대승기신론』에 대한 원효스님의 『대승기신론소』 등이 대표적인 소(疏)입니다.

한편 불법을 깨친 선종의 선사〔선지식〕들이 찬술한 '**어록**(語錄)'도 동북아시아에서는 중요한 불교문헌에 속합니다. 예를 들면 대혜종고선사의 저서를 어록, 성철스님의 저서를 성철선사 '어록'이라고 합니다. 이처럼 경·율·논·소의 4가지와 어록이 불교의 중요한 문헌입니다. 이것을 보통 '대장경' 또는 '팔만대장경'이라고 합니다.

이 중에서 경과 논은 인도에서 찬술된 반면 소와 어록은 대부분 동북아시아에서 저작된 것입니다. 그러나 부처님의 가르침이나 보살의 저작은 아니지만, 예외적으로 혜능선사의 『육조단경』이나 원효대사의 『금강삼매경론』은 '경' 또는 '논'이라는 명칭을 붙이고 있습니다. 이것은 아마도 후세 사람들이 두 분의 저작을 높이 평가한 결과에서 이런 명칭을 붙인 것 같습니다. 그러나 이것은 원칙이 아니고 파격적이고, 아주 예외적인 경우입니다. (김명우, 2010)

이상으로 「왕초보, 반야심경 박사 되다」라는 제목으로 260 자로 이루어진 아주 짧은 경전인 『반야심경』의 해설을 마쳤습니다. 나오는 말 대신에 경전 속의 일화를 소개하는 것으로 마무리하고자 합니다.

부처님의 제자 중에 쭐라판타카(Cullapanthaka, 한역명 : 주리반특周利槃特)라는 제자가 있었습니다. 그는 부처님의 제자 중에 가장 머리가 나쁜 사람으로 알려져 있습니다. 그렇지만 부처님께서는 쭐라판타카를 무척 좋아했던 것 같습니다.

공자와 그 제자들의 언행을 기록한 『논어』에 보면, 공자의 제자 중에 아주 맹한 번지(樊遲)라는 제자가 있습니다. 그런 그를 공자는 무척 좋아합니다. 그래서 유교에서는 번지, 불교에서는 쭐라판타카가 멍청한 사람의 대명사처럼 등장합니다. 필자의 지인 중에 '번지보살'이라는 닉네임을 가진 분이 있습니다. 이쯤 되면 독자들께서도 번지보살이라는 애칭이 붙은 이유를 짐작하시겠죠? 필자는 물론 그 분을 좋아하는 사람이 많습니다. 번지보살을 왜 많은 사람들이 좋아하는지 이유도 아시겠죠?

하여튼 멍청한 제자 번지에게 공자는 인(仁)이란 애인[愛人, 남을 사랑하는 것]이라는 유명한 가르침을 남기고 있습니다. 또한 부처님께서도 가장 멍청한 제자 출라판타카에게 다음과 같은 가르침을 남기고 있습니다.

> 항상 힘써 게으르지 않고 스스로를 자제할 줄 아는 지혜 있는 사람은 홍수로도 밀어낼 수 없는 섬을 쌓은 것과 같다.
>
> (『법구경』 25게)

잠시 경전 중에 등장하는 출라판타카와 먼지에 얽힌 일화를 소개하고자 합니다.

왕사성의 어느 장자에게 아름다운 딸이 있었습니다. 아리따운 처녀가 되자 그녀의 부모는 7층 누각의 제일 꼭대기 층에 살게 하였습니다. 이른바 상자 속의 인형과 같은 생활을 보내고 있었습니다. 그런데 그녀가 젊은 여인으로 성장하게 되자, 그만 자신의 남자 노예와 연인 사이가 되어 버렸습니다. 그리고 부모에게 들킬 것을 두려워한 나머지 그녀와 젊은 노예는 다른 나라로 도망갔습니다.

그 후에 그녀는 임신을 하게 되었는데, 출산을 핑계로 부모에게 자기의 죄를 용서받을 수 있을까 생각하여 친정집으로 돌아가려고 했습니다. 고대 인도에서는 여자가 출산이 다가오면 친정집에 돌아가는 풍습이 있었습니다. 부처님도 마야부인이 친정집에 돌아가는 도중에 태어나셨습니다.

그러나 그녀의 남편은 죽음을 당할지도 모른다고 생각하여 집으로 돌아가는 것을 하루 미루었는데, 그 때문에 친정집으로 가는 도중에 대로(大路)에서 남자아이를 순산하였습니다. 그래서 아이의 이름을 '판타카(路者)'라고 하였습니다.

몇 년 뒤 다시 임신을 하였는데, 이전과 똑같은 일이 벌어져 또 다시 도로에서 남자아이를 순산하였습니다. 그래서 형을 마하판타카(大路者), 동생을 츌라판타카(小路者)라고 불렀습니다.

어느 날 형인 마하판타카가 "다른 집에는 할아버지와 할머니가 있는데, 저희들은 왜 없습니까?"라고 물었습니다. 그러자 그녀는 "왕사성의 대부호가 너희 할아버지이며, 많은 친척도 있다."고 대답했습니다. 그리고 그녀는 아이들을 데리고 왕사성의 친정집으로 갔습니다. 그러나 그녀의 부모는 그들의 행위를 용서하지 않았습니다. 단지 두 아들만 받아들이고, 그녀와 그녀의 남편에게는 재화만 주어 돌려보냈습니다. 그래서 형제는 조부 집에서 자랐는데, 형은 조부와 함께 부처님의 설법을 듣고 출가하였습니다. 그는 열심히 수행하여 아라한이 되었습니다. 그리고 동생인 쭐라판타카도 출가하게 되었습니다. 그러나 그는 너무나 아둔하였습니다. 쭐라판타카는 부처님의 제자 중에 가장 머리가 나쁜 사람이었습니다. 부처님은 그에게 '너는 어리석어 도저히 어려운 것을 가르치면 안 되겠구나' 라고 생각하여 다음과 같은 가르침을 주었습니다.

"삼업(三業)에 악을 짓지 않고, 모든 유정을 다치지 않게 하고, 정념(正念)으로 공(空)을 관찰하면 무익한 괴로움을 면할 것이다."

여기서 '삼업에 악을 짓지 않는다' 는 것은 신체(身)와 입(口)과 의식(意)으로 나쁜 것을 하지 않는 것입니다. '모든 유정을 다치지 않게 하다' 는 것은 함부로 살아 있는 것을 해치지 않는 것입니다. '정념으로 공을 관찰하면'이라는 구절에서 '정념'이란 '일향정념(一向專念)'으로 오로지 한곳에 집중하는 것입니다. '공을 관찰하다'는 것은 일체의 모든 것에 집착하지 않는 것입니다. '무익한 괴로움을 면하다'는 것은 하찮은 괴로움이 없어진다는 것입니다.

그러나 츌라판타카는 간단한 이 구절조차도 기억할 수 없었습니다. 매일 그는 아무도 없는 들판에 가서 '삼업에 악을 짓지 않고……'라고 암송하였지만, 도무지 암송할 수가 없었습니다. 곁에서 그것을 듣고 있던 양치기 소년이 전부 외웠는데도 그는 여전히 암송할 수가 없었습니다. 처음부터 끝까지 이런 모양이니 어려운 경문(經文) 같은 것은 도저히 알 수가 없었습니다. 심지어 그의 형조차도 그를 쫓아내면서 '너는 더 이상 구제불능이다. 집으로 돌아가라'고 할 정도였습니다. 어느 날 그는 기원정사의 문 앞에 혼자 힘없이 서 있었습니다. 그것을 본 부처님께서는 조용히 그에게 다가가서 말을 건넸습니다.

"너는 거기서 무엇을 하는가?"

이에 츌라판타카가 대답했습니다.

"세존이여! 저는 왜 이렇게 어리석은 인간입니까? 도저히 저는 당신의 제자가 될 수 없습니다."

그러자 부처님께서는 그의 머리를 쓰다듬고, 그의 손을 잡고서 승원 안으로 데리고 갔습니다. 그리고 다음과 같이 말씀하셨습니다.

"어리석으면서 자신이 어리석다는 것을 알지 못하는 자가 진짜 어리석은 자다. 너는 확실히 너 자신이 어리석다는 것을 알고 있다. 따라서 너는 정말로 어리석은 사람이 아니다."

그런 다음 부처님은 그에게 빗자루 하나를 주며 다음과 같은 구절을 가르쳐 주었습니다.

"먼지를 털고, 때를 제거하라."

정직한 츌라판타카는 부처님의 가르침인 이 한 구절을 진지하게 생각했습니다. 많은 제자들의 신발을 깨끗이 닦아 주면서, 그는 열심히 이 한 구절을 사색했습니다. 오랜 세월이 흐른 후에, 모든 사람들로부터 어리석은 자라고 놀림을 받던 츌라판타카는 마침내 자신의 마음속에 있는 번뇌의 먼지와 더러움을 완전히 제거할 수 있었습니다. 그리하여 그는 '신통설법 제일의 아라한'이 되었습니다. 어느 날 부처님께서는 대중 앞에서 다음과 같이 말했습니다.

"깨달음을 얻는 것은 결코 많은 것을 기억하는 것이 아니다. 비록 작은 일이라도 그것을 철저하게 하면 되는 것이다. 보아라! 쮤라판타카는 빗자루로 청소하는 것을 철저히 하여, 마침내 깨달음을 얻지 않았는가." (김명우, 2002)

출라판타카의 이야기는 우리에게 많은 것을 생각하게 합니다. 구차한 설명을 덧붙이지 않겠습니다. 독자들께서는 어떤 느낌인가요?

나마스테(namaste)

인용 및 참고문헌

『범어로 반야심경을 해설하다』, 김명우 지음, 민족사, 2010.

『유식삼십송과 유식불교』, 김명우 지음, 예문서원, 2009.

『철학적 리터러시 연습을 위한 에세이들』, 김명우 외, 책과 열린시, 2009.

『유식의 삼성설 연구』, 김명우 지음, 한국학술정보, 2008.

『티베트불교철학』, 마츠모토 시로 지음, 김명우 외 옮김, 불교시대사, 2008.

『반야바라밀다심경(般若波羅蜜多心經)』, 김명우 편역, 빛과 글, 2002.

『욕망 삶의 원동력인가 괴로움의 뿌리인가』, 정준영 외 지음, 운주사, 2008.

『大乘經典解說辭典』, 下田正弘 外, 大藏出版社, 1997.

『般若心經　金剛般若經』, 中村　元 · 紀野一義譯註, 岩波文庫, 1962.

『唯識ということ』-『唯識二十論』を讀む, 兵藤一夫, 春秋社, 2006.

『仏敎の原点入門』, 江島惠敎, ひゅうまん, 1977.

'Buddhist Wisdom Books-The Daimond Sutra, The Heart Sutra' by Edward Conze, 1958.

허 암(김명우)

일본 동경대학교 대학원, 동아대학교 대학원에서 유식사상을 전공했으며, 철학박사 학위를 취득했다. 현재 동의대학교 기초대학 강의전담교수로 재직 중이다. 저서로는 『유식삼십송과 유식불교』(2010년 문화체육관광부 우수학술도서), 『마음공부 첫걸음』(반야학술상 저역상), 『범어로 반야심경을 해설하다』, 『유식의 삼성설 연구』, 『불교에서의 죽음 이후, 중음세계와 육도윤회』, 『철학적 리터러시 연습을 위한 에세이들』 등이 있으며, 역서로는 『유식불교, 유식이십론을 읽다』, 『마음의 비밀』, 『유식으로 읽는 반야심경』, 『반야바라밀다심경』, 『오온과 유식』, 『티베트 불교철학』(2009년 문화체육관광부 우수학술도서) 등이 있다. 지금까지 스무 권이 넘는 불교 관련 저역서를 펴냈다.

황초보 반야심경 박사 되다

초판 1쇄 발행 │ 2011년 3월 25일
초판 3쇄 발행 │ 2021년 10월 1일

지은이 │ 김명우
펴낸이 │ 윤재승
펴낸곳 │ 민족사

본문디자인 │ 나라연
표지디자인 │ 김형조

등록 │ 1980년 5월 9일(등록 제1-149호)
주소 │ 서울 종로구 삼봉로 81 두산위브파빌리온 1131호
전화 │ 02)732-2403~4
팩스 │ 02)739-7565
E-mail │ minjoksabook@naver.com
홈페이지 │ www.minjoksa.org

ⓒ 2011 김명우

※ 책값은 뒤표지에 있습니다.
※ 지은이와 협의로 인지는 생략합니다.
※ 잘못된 책은 바꿔 드립니다.

ISBN │ 978-89-7009-460-1 03220